MARC FOURNEL

LA

TRIPOLITAINE

—×—

LES ROUTES DU SOUDAN

PARIS
CHALLAMEL AINÉ, ÉDITEUR
LIBRAIRIE COLONIALE
5, rue Jacob, et rue Furstenberg, 2

1887

LA TRIPOLITAINE

MARC FOURNEL

LA TRIPOLITAINE

—×—

LES ROUTES DU SOUDAN

PARIS
CHALLAMEL AINÉ, ÉDITEUR
LIBRAIRIE COLONIALE
5, rue Jacob, et rue Furstenberg, 2

1887

LA TRIPOLITAINE

De tous les pays d'Afrique que baigne la Méditerranée, la Tripolitaine, avec son annexe, la Cyrénaïque sont peut être le moins connus et ceux sur lesquels les renseignements fournis par les voyageurs diffèrent le plus et sont le moins précis.

Ce n'est pas que des explorateurs distingués n'aient essayé de parcourir ces contrées et n'aient publié les relations de leurs voyages. Des hommes comme Lyons, Denham, Laing, Richardson, Barth, Vogel, Duveyrier, Rohlfs, Nachtigal, Camperio et Mammoli ont risqué leur vie dans les déserts de la Tripolitaine. Pourtant on tenir sur la valeur réelle de la Tripolitaine, considérée soit comme pays commercial, soit même comme porte du Soudan ; mais d'une part, son amour-propre est engagé dans une certaine mesure à la conservation de cette province, et, en second lieu, il obéit à un sentiment d'une nature particulière.

Dans toute question orientale, il ne faut jamais oublier que la politique et la religion ne sont pour les musulmans qu'une seule et même chose. Or, les musulmans ont, depuis un siècle environ, établi en Afrique le quartier général de leur religion. Ils y ont fait des prosélytes en nombre considérable, ils y dominent de la façon la plus absolue depuis l'Atlas jusqu'au Niger et au Congo, et ils feront tous les sacrifices pour empêcher les européens de venir gêner leur propagande religieuse, chauffée à outrance par les nombreuses confréries dont les affiliés partent chaque année en missionnaires, convertir les noirs aux doctrines de l'Islam.

C'est certainement au célèbre voyageur allemand Gerhard Rohlfs que l'on doit de voir les journaux politiques les plus étrangers à la géographie, s'occuper aussi assidûment d'un pays dont ils ignorent généralement l'organisation physique et administrative.

M. Gerhard Rohlfs est non-seulement un explorateur de premier ordre, mais il a été chargé de missions ayant un caractère politique par le gouvernement allemand. Ses renseignements comme voyageur sont peut-être quelquefois légèrement obscurcis par le souvenir des instructions qu'il a reçues comme observateur. C'est sans doute dans un de ces moments de confusion dans ses souvenirs qu'il a écrit dans l'*Esploratore* : « à qui possèdera Tripoli, appartiendra le Soudan. » Cette phrase, lancée par le journal italien a produit un effet considérable. Les musulmans se sont inquiétés, les Français ont pu croire que la possession de l'Algérie et le protectorat de la Tunisie ne suffisaient plus pour affirmer leur puissance dans l'Afrique septentrionale, les Anglais ont pris de l'ombrage selon leur coutume, enfin, les Italiens ont cru voir dans la conquête de la Tripolitaine une compensation à la déception très vive que leur avait fait éprouver l'occupation de la Tunisie par leurs voisins transalpins.

Il est permis de supposer que le gouvernement italien a parfois laissé parler de la Tripolitaine dans les journaux qu'il inspire pour détourner un peu ses sujets de la mauvaise impression que l'occupation de la Tunisie leur avait pu causer. Quoi qu'il en soit, la Tripolitaine qui n'était pas déjà une contrée facile à explorer est devenue presque complètement impossible à visiter. En dehors des relations des voyageurs que nous avons nommés, il faut aujourd'hui se renseigner auprès des indigènes pour obtenir quelques renseignements nouveaux.

Ajoutons que le nombre des Européens qui visitent la Tripolitaine est excessivement restreint. Quelques rares voyageurs de commerce s'arrêtent à Tripoli, sans jamais chercher à pénétrer dans l'intérieur, ce qui leur serait du reste absolument inutile. Quant aux touristes, on peut se rendre compte de leur petit nombre en allant demander à Marseille, à la Compagnie générale Transatlantique, un billet direct pour Tripoli. La stupéfaction qui se peint aussitôt sur la physionomie de l'employé chargé des passages, vous en apprend en un instant autant qu'un volume de statistique.

Gerhard Rohlfs n'est cependant pas le seul à apprécier l'importance de la Tripolitaine comme point de pénétration dans le Soudan. D'autres géographes, entraînés peut être par les appréciations d'un homme de cette valeur, ont rappelé à ce sujet que les Romains et les Grecs partaient des rivages de la Grande Syrte pour pénétrer dans le pays des Garamantes. Etudiant avec soin les récits d'Hérodote et les travaux si remarquables de Ptolémée, ils ont pensé que ce que les anciens avaient fait, nous pouvions le refaire. Ils ont donc pré-

<small>Les routes du Soudan</small>

conisé l'importance des routes qui, partant de Tripoli et de Benghazi, pénétraient dans l'intérieur de l'Afrique, au Ouadaï, au Bournou et au Soudan.

Les opinions d'hommes comme ceux qui ont soutenu la thèse que nous venons d'exposer ne sont pas de nature à être écartées sans discussion. C'est la curiosité de les étudier qui a poussé l'auteur de ce travail à aller en Tripolitaine. On ne peut bien juger un pays sans l'avoir vu. S'il ne pouvait pousser jusque dans l'intérieur de l'Afrique, il avait la chance de trouver à Tripoli des hommes qui avaient fait plusieurs fois ce voyage. Leurs récits, contrôlés les uns par les autres devaient fournir des documents intéressants, si on les comparait surtout aux relations des explorateurs.

De plus, en voyant sur les lieux, les procédés de transport et de voyages employés par les caravanes, on pouvait se rendre compte des difficultés de la route et des obstacles à surmonter.

Ces renseignements ont pu être obtenus grâce à un concours d'obligeances bien rares à trouver en voyage. Ils formeront un chapitre à part de ce travail. En premier lieu nous donnerons quelques renseignements sur Tripoli et ce que nous avons pu voir et savoir de la Tripolitaine.

La Cyrénaïque, aujourd'hui séparée politiquement et administrativement de la Tripolitaine et qui d'ailleurs est bien plus soumise au Cheikh es Snoussi de Djer-Boub qu'au Padischah, formera l'objet d'une étude spéciale.

CHAPITRE PREMIER

LE PAYS

LE PAYS. — LA POPULATION. — L'OASIS. — LE CLIMAT. — L'HYGIÈNE. — LES PRODUCTIONS. — LES DATTIERS. — L'ALFA.

Au point de vue de la géographie officielle, la Tripolitaine est une contrée de l'Afrique septentrionale, limitée au nord par la Méditerranée ; à l'ouest, par la Tunisie ; au sud, par le Fezzan, et à l'est par la Cyrénaïque.

En réalité, la Tripolitaine n'est que l'espace compris entre la Méditerranée et ce qu'on appelle le Djebel Gharian, ou même simplement le Djebel — montagne — c'est-à-dire les derniers sommets de l'Atlas.

Dans cet espace, il y a une ville relativement importante, Tripoli, quelques bourgades, des

_{Le Pays}

oasis où poussent des palmiers magnifiques et dans lesquels il y a quelques cultures et d'immenses plaines formant ce que les arabes d'Afrique appelle le *Sérir,* c'est-à-dire cette portion du désert où se trouvent du sable, des cailloux et quelques maigres arbustes sauvages.

Quant aux frontières officielles, elles n'existent pas, même du côté de la Tunisie. On les voit en effet, marquées sur des cartes de diverses couleurs, mais dans la réalité c'est tout autre chose. Il ne saurait d'ailleurs en être autrement. Les deux pays n'ont pas de limites naturelles et la zone qui les sépare est habitée par des nomades dont la préoccupation est de payer le moins d'impôts possible. Quand les collecteurs du Bey de Tunis se présentent, ils affirment qu'ils sont en Tripolitaine Quand les envoyés du Pacha de Tripoli arrivent, ils jurent qu'ils sont en Tunisie.

Jusqu'à présent ces habiletés un peu naïves n'ont eu d'autre résultat que de faire payer généralement deux fois, les malheureux qui s'en servaient.

La Tripolitaine est un pays pauvre et il est difficile de supposer qu'elle ait jamais pu être autrement. Elle ne produit pas grand chose aujourd'hui et, même dans l'antiquité, elle n'a pas dû être une contrée bien fertile. Les nombreuses ruines romaines qu'on y trouve sont certainement bien plus les traces de lieux d'occupation militaire que des restes de villes commerçantes ou , industrielles. A une époque où le régime de l'Afrique intérieure n'était pas le même que celui d'aujourd'hui, la Tripolitaine avait une importance considérable comme tête de ligne des routes qui conduisaient au pays des Garamantes, mais nous ne pensons pas que sa production ait jamais été bien considérable.

Dans la partie de la Tripolitaine qui s'étend du Djebel à la mer, la terre n'est cultivée que là où il y a de l'eau et l'eau est rare. Les pluies sont peu fréquentes, il se passe des années sans qu'il en tombe, sauf peut-être pendant quelques orages. Dans ces conditions, les deux seules cultures qui réussissent sont celles du dattier et de l'olivier. Les dattes sont généralement bonnes mais les olives bien que de belle qualité ne donnent qu'une huile très inférieure par suite des procédés primitifs de fabrication. Il y a peu de céréales et seulement quelques pieds de vigne épars dans les environs de Tripoli.

Quant à la partie de la Tripolitaine qui s'étend du Djebel au Fezzan, ses productions peuvent facilement se compter. Il n'y a rien du tout, que du sable et des cailloux. Sauf dans quelques oasis, où les palmiers sont cultivés avec soin, et dont les habitants tirent du sol quelques produits pour leurs besoins personnels, il ne pousse rien et les montagnes pelées se dressent mélancoliquement au milieu de plaines plus pelées encore.

La Population — Quelle est la population de la Tripolitaine ? Nous avouons n'en rien savoir. Il nous serait facile de répéter à ce sujet ce que disent les géographes, mais comme ils ne font pas connaître sur quels renseignements ils se basent pour appuyer leurs calculs, nous pensons que les chiffres qu'ils donnent sont hypothétiques. D'ailleurs les autorités tripolitaines, elles-mêmes, sont infiniment moins affirmatives que les géographes européens.

Quoi qu'il en soit, le pays est peu peuplé. D'après ce que nous en avons dit, on le comprendra sans qu'il soit besoin d'insister. Comme dans toute l'Afrique septentrionale, la population est un mélange assez confus des diverses races qui se sont succédées dans le pays.

Il ne faut pas oublier que toutes les variétés de blancs et toutes les variétés de noirs se sont mêlées, depuis trois mille ans peut-être sur ces rivages, et on doit se rendre compte combien il doit être difficile de déterminer les origines précises d'un peuple ainsi composé. On y voit des Arabes d'Afrique, des Berbères, que beaucoup de savants considèrent comme la race autochtone, des Touareg, des Européens, des Turcs, des Juifs et des noirs de toutes les nuances et de tous les genres.

Autour de Tripoli s'étend dans un rayon d'une quinzaine de kilomètres au plus, un oasis où se trouvent de magnifiques palmiers. Dans cet oasis, on rencontre des types de presque toutes les peuplades nègres de l'intérieur. La plupart de ces noirs ont été amenés comme esclaves par les caravanes. N'ayant pas été vendus en route, ils sont allés demander à Tripoli leur diplôme de liberté que le gouvernement leur accorde d'ailleurs sans difficulté. Mais les malheureux devenus libres étaient incapables de pouvoir retourner chez eux. Il ne leur était pas possible d'affronter les dangers d'un voyage de trois ou quatre mois à travers le désert. Ils sont donc restés, se sont installés dans l'oasis et y ont organisé leur existence comme s'ils étaient encore dans leur pays d'origine. N'adoptant ni la maison du Turc, ni la tente de l'Arabe, ils ont construit des huttes de branchages ou de sparte, leur ont conservé leurs formes traditionnelles et vivent comme ils pourraient le faire au Soudan. Une promenade de quelques heures, aux environs de Tripoli, vous permet de passer en revue toute une série de spécimens de la race noire.

L'Oasis

Beaucoup d'indigènes sont devenus riches depuis quelques années par suite de l'extension considérable qu'a pris le commerce de l'alfa. Quand nous disons riches, on peut prendre le mot à la lettre et non dans un sens relatif. Les marchands d'alfa en ont acheté pour des sommes qui se sont élevées jusqu'à cinq millions de francs par an, ces dernières années. Ces achats ont été payés comptant, en numéraire et tout cet argent est allé s'enfouir dans le désert. On sait que les Arabes cachent leur argent avec beaucoup de soin. Ils ne mettent personne, ni famille ni amis dans la confidence de leurs cachettes et comme bien souvent la mort les prend avant qu'ils aient parlé, leur fortune demeure ignorée dans quelque trou. Ce fait n'est pas d'ailleurs particulier à la Tripolitaine. La coutume d'enterrer son pécule est générale chez tous les peuples primitifs ; même en France, bon nombre de nos paysans ont plus de confiance dans un trou de mur que dans une caisse de banquiers. Il serait peut-être imprudent de les blâmer.

De vieux Africains nous ont assuré qu'on ne se faisait pas une idée de la valeur immense des sommes qui ont ainsi disparu de la circulation, et qu'il faudra des évènements imprévus pour remettre au jour. On peut en juger, d'ailleurs, par ce que nous venons de dire à propos de l'alfa.

En dix ans, à raison de cinq millions par an, le désert aura englouti cinquante millions en numéraire et bien fin serait celui qui pourrait dire où tout cet argent est allé se nicher.

Il est en effet impossible, dans la vie extérieure de se rendre compte de la situation de fortune de ces arabes qui arrivent avec leurs longues files de chameaux, porter leur récolte d'alfa aux trois usines situées sur le bord de la mer, à quelques centaines de mètres de Tripoli, entre la ville et le camp de la garnison turque, usines où la plante est pressée par des machines à vapeur et mise en balles. Les riches et les pauvres sont vêtus de même, et certainement les plus misérables ont aussi grand air dans leurs guenilles que ceux qui plus riches, n'en sont pas, d'ailleurs plus luxueusement équipés.

Le Climat

Nous n'apprendrons rien à personne en racontant que la Tripolitaine est un pays chaud, et même très chaud. Placée vers le 27e degré de latitude nord, le soleil y darde des rayons brûlants. Naturellement, en ce pays comme ailleurs, la température est plus ou moins supportable suivant que le sol est plus ou moins ombragé et arrosé. Très acceptable en réalité dans les oasis, — à la condition qu'on n'y mène pas la vie d'Europe, mais l'existence calme et tranquille de l'Orient — la chaleur est terrible dans les steppes dénudés et pierreux qui forment la majeure partie du territoire du pays. Pendant l'été, il y fait tellement chaud, que seul le targui, l'homme le plus dur qui soit peut-être au monde, ou le caravanier, presque aussi solide, peuvent y résister.

On raconte et l'explorateur Rohlfs confirme le fait par son expérience personnelle que le sable est parfois si ardent que les chiens s'y brûlent les pattes, hurlent de douleur et il faut leur envelopper les pieds pour leur permettre de marcher.

Trois animaux seuls peuvent parcourir ces solitudes arides; le chameau d'abord, l'âne ensuite et le cheval en troisième ligne seulement. Le chameau, suivant sa race, porte plus que le cheval et marche non seulement plus vite mais surtout plus longtemps. L'âne, patient, fort, sobre, résiste à toutes les fatigues. Le cheval, dans le désert, dans le vrai désert, est un animal de luxe. Le guerrier qui possède un cheval et un chameau montera dans les ghaswa — expéditions — son chameau de course et réservera son cheval pour les cérémonies de parade. Même au Nedjed, le cheval est inférieur au chameau comme bête de fond et comme moyen de transport dans le désert. Plus on s'avance dans l'intérieur de l'Afrique plus le cheval devient rare. Il ne saurait vivre à l'état sauvage, en *manadas*, comme dans les deux Amériques et dans quelques contrées de l'Asie centrale. Le climat de la Tripolitaine et encore plus celui du Fezzan, du Bournou et du Soudan n'épargne que deux animaux domestiques pouvant servir à porter des fardeaux, le cheval et l'âne. Le bœuf employé dans plusieurs parties du continent africain, n'est utilisé que faute de mieux et seulement là, où il n'est pas possible de se procurer un autre instrument de locomotion. Ainsi font les belges qui attellent souvent des chiens à de petites voitures mais qui préfèreraient cent fois pouvoir les faire traîner par un âne vigoureux ou un de nos énergiques petits chevaux du midi.

Malgré ces chaleurs torrides, le climat de la Tripolitaine est relativement sain. Les épidémies sont assez rares, même chez les Maltais qui ne sont guère propres et chez les Juifs, sales comme ils le sont partout. Il faut avoir vu le quartier juif de Tripoli pour comprendre à quel degré de malpropreté peut arriver une créature humaine. Le porc est un animal indignement calomnié, il a trouvé plus que son maître parmi les israélites de Tripoli.

Il pleut pourtant quelquefois en Tripolitaine, mais le cas est rare. Les habitants racontent qu'il se passe des années sans qu'il tombe de l'eau, même dans les oasis. Alors, on ne peut ni semer du grain ni labourer, ni récolter naturellement.

Les indigènes sont réduits à venir échanger leurs dattes ou leurs bestiaux contre quelques sacs de grains venus d'Italie, de Tunisie ou de Grèce pour pouvoir continuer l'usage de leur couscoussou traditionnel arrosé de la sauce incandescente au *felfel* — piment rouge aussi enragé que celui de l'Andalousie.

Il n'y a pas de maladies endémiques en Tripolitaine et comme nous venons de le dire, les maladies épidémiques y sont rares. Le choléra n'y a jamais causé que peu de ravages et depuis que la peste ne fait plus ses apparitions régulières dans les pays qui bordent la Méditerranée, la santé est généralement bonne dans ce pays. On y signale pourtant quelques invasions de variole qui enlèvent parfois beaucoup d'enfants.

Il faut d'ailleurs faire une grande différence entre la constitution physique des habitants de Tripoli, ceux de l'oasis qui entoure la ville — la *Mechyia* — et ceux des oasis éloignées de la capitale du Vilayet.

A Tripoli, on rencontre beaucoup de scrofuleux, de lymphatiques traînant avec eux le poids d'une diathèse congénitale aggravée par une hygiène déplorable.

Dans l'oasis, on trouve quelques individus dans les mêmes conditions. Comme nous l'avons dit, on rencontre dans ce coin curieux, des échantillons de nègres provenant de presque tous les points du Soudan. On y peut donc observer une bonne partie de ces maladies qui paraissent l'apanage de la race noire, grâce surtout à ses habitudes d'existence. On y peut voir des lépreux, des gens atteints d'éléphantiasis variés; il y a même des cas de beri-beri, cette maladie curieuse des centres nerveux et sur la nature de laquelle les savants ne sont pas encore bien fixés.

Un spécialiste y pourrait trouver surtout une magnifique collection de tous les annelides qui habitent le corps humain à l'intérieur ou à l'extérieur, depuis le dragonneau ou ver de médine jusqu'aux batrycocéphales les plus armés. Les noirs, malgré la chaleur du climat, sont en outre sujets à la tuberculose qui les décime; bien peu d'entre eux peuvent parvenir à un âge avancé.

Quant aux habitants des oasis et aux Arabes riches ou seulement aisés qui vivent dans les parties habitables du pays, ce sont des hommes grands, secs, à traits réguliers, vigoureux, bien découplés, agiles et doués d'une santé de fer. Il serait difficile d'ailleurs qu'il en fut autrement. Sans le vouloir peut-être, ces hommes obéissent aux prescriptions les plus absolues de l'hygiène. Ils mangent peu, ne boivent presque pas d'alcool et ménagent ainsi les organes de la digestion. Toujours en mouvement, ils entretiennent la force et l'élasticité de leurs muscles. Enfin la chaleur du pays et les ablutions que leur commande leur religion, entretiennent chez eux les fonctions de la peau et leur permettent de résister aux rigueurs du climat. Ce sont de solides et énergiques compagnons.

L'Hygiène Il y a si peu d'Européens en Tripolitaine, qu'il est peut-être superflu de parler de l'hygiène que l'expérience indique pour eux dans ces climats. Au point de vue pratique, il est cependant utile de donner quelques renseignements à cet égard, d'autant plus que ces renseignements peuvent intéresser non seulement les voyageurs en Tripolitaine, mais encore tous ceux qui visitent cette partie de l'Afrique qui s'étend de l'Equateur à la Méditerranée.

Selon que la saison est sèche ou humide, le règlement de l'existence doit se modifier.

Si la saison est sèche, le tempérament devient plus facilement irritable. Il faut éviter avec soin tout ce qui pourrait l'exciter.

Le vin, les alcools, les toniques doivent être écartés. Le café, les condiments ne doivent être employés qu'à de faibles doses et le premier soin doit être de modérer la quantité de nourriture, surtout de nourriture animale. Il faut se garder des purgatifs en usage en Europe, surtout des purgatifs drastiques, et même des purgatifs salins qui produisent un effet auquel on ne saurait s'attendre. Les fruits du pays, une alimentation végétale, le lait, constituent la nourriture préférable. En outre, il faut insister sur l'action de l'eau et surtout celle du savon qui, nettoyant les pores de la peau permet la perspiration cutanée, qui vient en aide à l'absorption de l'air par les poumons.

Dans la saison humide, au contraire, ou dans les parages où règne une humidité constante, il faut avoir recours aux excitants et aux toniques. Les premiers peuvent seuls donner le désir d'absorber les aliments et la facilité de les digérer. Les liqueurs fortes ne sont plus nuisibles mais souvent utiles, et il semble que l'alcool en pareille occurence peut servir de préservatif et d'antiseptique pour les miasmes qui s'exhalent d'une terre ou d'un air imprégnés d'humidité et chargés de mollécules végétales.

Cette chaleur humide est d'ailleurs beaucoup plus dangereuse pour les Européens que la chaleur sèche du désert. Les hypertrophies et les inflammations du foie sont généralement la conséquence d'un séjour trop prolongé dans les pays où sévit cette température. Les purgatifs y ont alors une action désorganisante. Il faut veiller avec une attention de chaque jour à la qualité de l'eau qu'on peut rencontrer. Il n'est pas souvent facile de la faire bouillir comme le recommandent les savants qui n'ont jamais quitté l'Europe, mais il est presque toujours possible, surtout pour le voyageur, de ne boire l'eau de son gobelet qu'après l'avoir couvert de son mouchoir afin de lui servir de filtre. Cette mesure primitive est d'ailleurs fréquemment employée par les caravaniers et les gens que leurs affaires appellent à entreprendre des incursions dans l'intérieur.

C'est surtout dans les pays comme celui dont nous parlons, qu'il est facile de se rendre compte de l'influence du moral sur le physique.

Si le voyageur se laisse aller au découragement, à l'ennui, au regret de ne pouvoir arriver au terme de ses désirs ; si la nostalgie s'empare de lui, bientôt il se trouvera en proie au scorbut, à la diarrhée, à la dyssenterie, et si l'alimentation qu'il est obligé de suivre est défectueuse, son état s'empirera rapidement.

En thèse générale, il est donc absolument nécessaire pour pouvoir voyager dans l'Afrique septentrionale, surtout si on veut entendre par là la région qui de la Tripolitaine mène au Soudan et à l'intérieur du continent mystérieux, de posséder un esprit calme et tranquille placé au-dessus des impressions « forctuites » comme dit Rabelais, et une constitution solide dans laquelle aucun des organes de la digestion et de l'assimilation des aliments ne soit altéré.

Nous avons exposé sommairement la géographie et le climat de la Tripolitaine ; on peut facilement conclure de notre récit, ce que peuvent être les productions de cette contrée. *Les Productions*

Au point de vue animal on y rencontre les bœufs, les moutons, les porcs, les chèvres, les poules et les autres oiseaux de basse-cour qu'on trouve en Europe.

Seulement le bœuf n'est guère mangeable, le veau seul sert de nourriture habituelle, le mouton ne vaut pas grand chose, le porc y est relativement rare, étant donné que la majorité des consommateurs s'abstient de cette viande par suite des prescriptions religieuses. Quant aux volailles, elles sont abondantes, mais leur qualité laisse beaucoup à désirer.

On trouve dans les oasis et surtout dans les environs de Tripoli, la plupart des légumes de l'Europe. Leur qualité est bien inférieure à ce que l'on a coutume de rencontrer dans la zone tempérée. Il en est de même des fruits. On trouve en Tripolitaine des abricots, des pêches, des amandes et des poires. Mais ces fruits n'arrivent jamais à la grosseur qu'ils atteignent en France et en Italie et leur goût est peu agréable. Les oranges et les citrons eux-mêmes ne valent pas grand'chose. Les grenades seules sont aussi bonnes que dans les îles de la Méditerranée, en Tunisie et en Algérie.

Les Dattiers   Le véritable fruit de la Tripolitaine c'est la datte; sous ce rapport ce pays peut le disputer aux mieux favorisés de la nature pour cette production.

Le dattier craint la pluie pour sa tête; il lui faut le soleil, si chaud qu'il soit, mais son pied a besoin d'être plongé dans l'eau. Telles sont résumées en trois lignes les règles de la culture du dattier, et on doit comprendre que les oasis de l'Afrique septentrionale chauffées par un soleil torride et arrosées par des cours d'eau souterrains se prêtent à merveille à la propagation de cet arbre précieux.

Là où il y a une source pousse un dattier, puis deux, puis dix, puis autant qu'on en peut planter et cultiver; c'est l'oasis, que les Arabes appellent *ouah*. Les indigènes se groupent autour des arbres qui leur indiquent le lieu où ils peuvent vivre, et c'est ainsi que se sont constituées ces petites agglomérations, soumises de nom au Sultan de Constantinople, mais qui forment en réalité autant de petites républiques, où toutes les formes de gouvernement que pourrait rêver le plus imaginatif des socialistes, ont été organisées et fonctionnent encore aujourd'hui ; quelques-unes depuis un nombre considérable d'années.

Le dattier est l'arbre le plus cultivé, car il est le plus productif, son fruit qui se conserve aisément d'une année à l'autre est la grande ressource alimentaire. Grâce à lui on peut se passer de tout le reste. Les hommes, les chevaux, les chameaux, les chiens même se nourrissent très bien avec des dattes. Pendant les grandes traversées du désert, la datte est la seule nourriture des chameaux et des conducteurs des caravanes. On donne aux chameaux la datte telle quelle, ils mangent tout et pendant la route ruminent les noyaux qu'ils arrivent à réduire à l'état de bouillie et à s'assimiler parfaitement. Les caravaniers racontent que le noyau de la datte est un tonique pour leurs montures ; en effet, il est constant dans toute l'Afrique du nord, que les chameaux de l'île de Djerbah qui passent avec raison pour les plus vigoureux et les plus énergiques, doivent en grande partie leurs qualités à ce que leurs propriétaires pilent les noyaux des dattes et mélangent la farine ainsi obtenue à leur ration quotidienne.

Ajoutons que si les chameaux de Djerbah ont la réputation d'être des porteurs solides et des marcheurs infatigables, ils ont également celle d'être méchants, capricieux, vindicatifs et difficiles à conduire.

Les chameaux eux-mêmes ont peine à être parfaits.

Dans les oasis de la Tripolitaine et principalement dans les environs de Tripoli, où Barth prétend qu'il y a plus d'un million de ces arbres, les dattiers sont cultivés avec le plus grand soin. Ils sont plantés régulièrement en quinconces, et leur disposition est la même, sauf les distances des arbres entre eux, que celle des superbes châtaigniers plantés par les moines de Lérins sur le versant de la colline qui s'étend dans le Var, du Luc à Cogolin.

Autour de chaque dattier, une petite rigole bien entretenue apporte l'eau qui lui est nécessaire; un petit rempart de terre protège le pied de l'arbre.

Le dattier se plante par bouture et le dattier femelle peut commencer à donner des fruits au bout de quatre à cinq ans, mais il est rare qu'on le féconde aussi jeune; on préfère attendre qu'il soit devenu plus vigoureux. L'arbre peut vivre deux cents ans et même davantage, à ce que disent les Arabes, mais on en voit peu qui soient parvenus à cet âge. Quand ils sont vieux, on pratique à leurs troncs des incisions par lesquelles s'écoulent le liquide qu'on appelle le *lagmi*, boisson fort agréable et dont il se fait une grande consommation dans l'Afrique du Nord. Un palmier sacrifié pour la production du lagmi peut en fournir une quarantaine de litres par jour pendant environ deux mois.

On compte plus de 70 variétés de dattiers et les connaisseurs les distinguent non-seulement à la vue et au goût de leurs fruits, mais encore par la simple inspection du noyau.

Le dattier qui en Tripolitaine a la plus grande réputation s'appelle le *Deglé*.

C'est un arbre superbe, qui s'élève à vingt-cinq mètres de hauteur. Il produit une grande quantité de fruits que l'on récolte au mois d'octobre ou de novembre selon les espèces.

Avec les fibres du régime, les Arabes font des cordes, avec le bois ils font des charpentes légères et se chauffent. Cet arbre, qui leur fournit pour ainsi dire de quoi subvenir à leurs plus pressants besoins est, on doit le comprendre, l'objet d'une sorte de vénération de leur part. Sa destruction a toujours été défendue par les docteurs musulmans. Il est arrivé trop souvent que dans les guerres on n'a pas respecté ce précepte, Une tribu dont on a détruit les dattiers est obligée de se soumettre ou d'émigrer. Elle ne peut plus vivre.

Il faut avoir vu une oasis, avec ses dattiers, ses jardins, ses petits canaux d'eau vive, le tout éclairé par ce soleil d'or sous un ciel d'un bleu intense, pour comprendre la poésie de l'Afrique et pour se rendre compte que le bonheur peut se trouver aussi bien, sinon mieux, dans ces solitudes pleines de poésie que dans nos villes brumeuses et empestées, au milieu des tracas de la vanité, de la cupidité et de l'ambition.

<small>L'Alfa</small> Une autre production importante de la Tripolitaine c'est l'alfa. On sait que cette plante, que l'on désigne dans le pays sous le nom de sparte, sert à faire des nattes et qu'il s'en exporte chaque année des quantités considérables en Angleterre où elle est utilisée à la fabrication du papier. Des industriels anglais ont installé aux portes de Tripoli trois usines où l'alfa est comprimé en balles serrées et dures comme un caillou. C'est dans cette forme qu'on les embarque et qu'on les expédie en Europe.

Le commerce de l'alfa a pris d'autant plus d'importance en Tripolitaine que les lois douanières le favorisent, tandis qu'en Tunisie, elles apportent au contraire un obstacle presque insurmontable à l'exportation.

En effet, les produits de la Tripolitaine ne sont frappés à l'exportation que d'un droit fixe de un pour cent *ad valorem*, tandis que le droit est en Tunisie de quinze pour cent. Il n'est pas besoin d'avoir pâli sur les œuvres de Frédéric Bastiat pour comprendre que les négociants iront chercher la même marchandise plutôt dans le pays qui leur permet de faire un bénéfice raisonnable que dans celui où il n'ont que de l'argent à perdre.

Et voilà pourquoi il y a trois usines à vapeur à Tripoli pour presser les balles d'alfa, tandis qu'à Sousse il n'y a qu'une presse à bras. Mais à quoi bon argumenter ? Il faut prendre patience et dire le mot de la sagesse musulmane *Inchallah ?* S'il plaît à Dieu.

CHAPITRE II

TRIPOLI

LE PORT. — LA DOUANE. — LES RUES. — LA SÉCURITÉ. — LE THÉATRE. — LES SOUK. — LES HABITANTS. — LES MUSULMANS. — LES JUIFS. — LES CHRÉTIENS. — LES FRANCISCAINS. — LES ÉCOLES. — LES GRECS. — LES DISSIDENTS TUNISIENS.

<small>Tripoli</small> D'après ce que nous avons dit de la configuration de la Tripolitaine, on comprend que le point le plus important du pays, pour ne pas dire le seul, est la ville de Tripoli et l'oasis qui l'entoure. Tripoli que les Turcs appellent *Tarabolos el gharb*, Tripoli de l'Occident pour la distinguer de Tripoli de Syrie, est une cité fort ancienne, fondée par les Phéniciens et qui fut occupée par les Romains. A l'époque romaine,

Tripoli n'était pas la ville la plus importante de la province, elle s'effaçait devant Leptis, *Leptis magna*, par opposition avec *Leptis minor*, que l'on croit avoir existé à Lambda qui se trouve en Tunisie, sur le golfe de Monastir. Leptis magna s'appelle aujourd'hui Lebda. Ce n'est plus qu'une misérable bourgade où les Arabes se sont installés au milieu des ruines des monuments romains.

A Tripoli même, les souvenirs romains ne sont pas très nombreux. On y voit seulement un arc de triomphe assez détérioré qui fut élevé à la gloire de Marc-Aurèle. De misérables masures sont installées aujourd'hui entre les piliers de ce monument dont les blocs de marbre forment les murailles d'habitations d'Arabes ou de Maltais.

C'est de Leptis que partaient les caravanes que les marchands grecs et romains dirigeaient dans l'intérieur de l'Afrique, à une époque où le pays encore boisé et possédant des cours d'eau était occupé par des populations agricoles, jouissant d'une certaine aisance, formant des peuples gouvernés d'une façon régulière et qui faisaient un commerce assez important sur les côtes de la la Méditerranée.

Aujourd'hui les routes tracées par les Romains ne sont plus qu'à l'état de souvenir ; toute végétation a disparu de ces pays qui furent riches ;

les quelques cours d'eau qui existent encore coulent sous terre et il faut l'œil exercé du caravanier pour savoir les trouver. Les hommes, par leurs haines, par leur cupidité, ont détruit l'œuvre bienfaisante du Créateur et n'ont su lui substituer que le désert où règnent la solitude et la mort.

Tripoli est aujourd'hui relié à l'Europe par un service régulier de bateaux à vapeur. La Compagnie générale transatlantique a deux départs réguliers de Marseille pour Tripoli ; l'un passe par Tunis, fait toutes les escales de la côte tunisienne, touche à Tripoli et revient par Malte et Tunis. L'autre fait le même service, mais en sens inverse. La Compagnie générale de navigation italienne a également un service régulier pour Tripoli et une compagnie ottomane relie le Vilayet à Constantinople, à l'Egypte et à la Cyrénaïque. En outre, les navires qui viennent charger l'alfa, et quelques caboteurs, donnent une certaine animation à la rade de Tripoli. Malgré ces facilités de communication les voyageurs sont rares et l'arrivée d'un européen convenable constitue un petit événement auquel s'intéresse toute la colonie qui connaît le nom et la qualité du nouveau débarqué avant même qu'il soit arrivé à son hôtel.

Comme presque toutes les villes d'Afrique, **Le Port** Tripoli vu de la mer, a grand air et offre un aspect pittoresque. Quand on a dépassé les rochers à fleur d'eau qui forment une sorte de môle transversal, à quelque distance du mouillage, les maisons blanches, groupées derrière des murailles d'apparence monumentale et surmontées de minarets élégants font un effet charmant.

Le fond de palmiers qui entoure la ville accentue l'éclat des maisons et poétise encore l'impression. Sur la gauche, le palais du pacha, énorme et massive construction bâtie sur une assise de rochers, se présente comme une sentinelle rébarbative; à droite un fort rond, construit d'après les données des fortifications modernes, défend l'entrée du port. Ce fort est de construction récente. Il a remplacé un autre fort moins bien organisé, paraît-il, pour la protection de la ville. Quand il était neuf, il était peint en rouge et en bleu ce qui ajoutait beaucoup à son originalité. Malheureusement la peinture n'était pas fameuse, ou bien elle n'a pu résister, sinon à la pluie, au moins au soleil brûlant de Tripoli, et le beau fort est aujourd'hui complètement déteint. Sa couleur locale seule lui reste et c'est d'ailleurs suffisant pour les amateurs de pittoresque.

Dans le port, se tient en permanence, depuis quelques années, un vaisseau de guerre turc. Les matelots turcs n'ont pas la prestance des soldats de l'armée de terre, les officiers particulièrement manquent généralement de prestige.

Il paraît que pour se protéger contre les attaques dont les journaux italiens les menaçaient de la part des Français et les journaux français de la part des Italiens, les Turcs ont placé des torpilles dans la rade. La position de ces torpilles n'est, dit-on, connue que des pilotes, aussi ceux-ci, qui viennent accoster les navires à une assez grande distance, ne font-ils marcher en avant qu'avec une sage lenteur. Le passager qui voyage pour son agrément ne saurait s'en plaindre car le spectacle qui lui est offert est des plus attrayants.

La Douane — Les navires mouillent à quelque distance de la côte et des barques transportent à terre les voyageurs et les bagages, en passant par la douane. Cette douane est comme toutes celles des villes d'Orient, au moment de l'arrivée d'un navire ; on y crie, on s'y bouscule, on va, on vient, tout le monde s'agite, parle à la fois, gesticule, s'interpelle, se court après ; c'est un tapage un tohu bohu auquel un homme du nord ne comprend rien et qui l'ahurit. Pour ceux qui sont un peu habitués à ces manifestations d'exhubérance méridionale, ils envisagent la chose plus tranquillement. Ils savent que ce désordre est plus apparent que réel, que tous ces gens qui crient si fort finissent cependant par s'entendre et si on sait ne pas se presser, on arrive assez rapidement à faire visiter son bagage, visite qui se fait avec autant, sinon plus, de courtoisie que dans aucune ville européenne. Un instant après, suivant quelque robuste *hammal* — porte-faix — qui emporte sa malle sur ses larges épaules, le voyageur peut s'engager dans les rues de la vieille ville africaine.

La douane de Tripoli est un bâtiment ouvert un peu à tous les vents, élevé d'un étage, et c'est dans les grandes salles du rez-de-chaussée que sont examinées les marchandises et les bagages des voyageurs, soit à l'arrivée, soit au départ, car la douane prélève un droit aussi bien sur les marchandises qui sortent que sur celles qui entrent.

La douane tripolitaine ne connaît pas toutes les finesses de l'économie politique, aussi n'a-t-elle jamais perdu son temps à élaborer ces tarifs compliqués qui font la joie des administrateurs, le bonheur des fraudeurs et le désespoir des employés, mais sur lesquels en revanche, on écrit de si gros livres et on prononce de si beaux discours.

A Tripoli, la douane est simplement un impôt sur le commerce et cet impôt est fixé à huit pour cent sur la valeur des marchandises qui entrent et à un pour cent sur la valeur des marchandises qui sortent. Il n'y a jamais de conflit entre le fisc et les contribuables ou du moins très rarement parce que les choses se passent de la façon suivante :

Les marchandises, quelle que soit leur nature, sont présentées au chef de la douane qui les examine et en fait contrôler la quantité. Il formule son évaluation, l'intéressé fait ses observations et le fonctionnaire conclut; l'affaire est entendue; seulement, le négociant peut à son choix payer huit pour cent de la valeur en argent ou abandonner huit pour cent de la quantité en marchandises. Quand il s'arrête à ce dernier parti, on prend la part qui revient à la douane et les employés la portent dans les magasins. Lorsque les magasins sont pleins, on annonce une vente publique et tout se vend aux enchères.

Sauf quelques difficultés résultant parfois de la nature de la marchandise, les commerçants tripolitains paraissent assez satisfaits de cette méthode un peu primitive. A coup sûr, le nombre des procès doit être, toutes proportions gardées, certainement moindre que dans les pays à réglementation plus compliquée.

Pour les marchandises qui sortent du pays, les choses se passent absolument de même : ajoutons qu'à l'entrée et à la sortie, les douaniers turcs sont beaucoup plus coulants que leurs congénères européens pour les menus objets. Ils ne font aucune attention à quelques paquets de tabac placés dans une valise par un amateur de caporal français et laissent sortir sans encombre un tube de plumes d'autruches ou de petites dents d'éléphants qu'on emporte comme souvenir. Il n'est même pas besoin du backchisch classique pour obtenir leur indulgence.

Une fois sorti de la douane, on traverse une petite place, entourée de cafés remplis de consommateurs et on entre en ville par une porte assez peu solide en apparence, et creusée entre deux épaisses murailles. Dans un angle de cette porte se trouve un corps de garde occupé par des soldats turcs assis sur leurs talons et causant avec les passants, ou réunis en cercle autour de l'un d'entre eux qui leur raconte quelque histoire.

Les Rues

On poursuit son chemin à travers des rues étroites mais où peuvent cependant circuler les voitures du pays. Les chameaux chargés y passent sans trop vous écraser contre les murailles, couvertes de place en place par des voûtes qui préservent un peu du soleil sans gêner la lumière. Ces rues, ou du moins les principales, sont pavées, c'est-à-dire qu'elles sont garnies de distance en distance de larges cailloux disposés assez peu symétriquement et dont quelques uns présentent des saillies parfois désagréables. Cette innovation est cependant un progrès réel, elle diminue la poussière et permet de circuler moins difficilement les jours de pluie.

Les maisons sont blanchies à la chaux comme dans la plupart des villes arabes. Quelques-unes, appartenant à des propriétaires plus fantaisistes, sont peintes en bleu ou en jaune. Ces variétés de nuances n'ont d'ailleurs rien de désagréable.

De temps en temps, la monotonie des murailles nues est interrompue par une porte entr'ouverte par laquelle on voit la cour dallée d'une maison arabe, par quelque boutique de maltais vendant de tout, ou par quelque échoppe de ressemeleur de chaussures, nombreux comme dans toutes les villes d'Afrique, mais bien moins cependant à Tripoli qu'à Tunis, la vraie capitale des savattes.

Toujours suivant son portefaix, et continuant sa route dans la rue principale nommée rue *Erba-Arset*, on finit par rencontrer une maison arabe très présentable ; sur l'arcade qui la précède on lit ces mots « Hôtel transatlantique » ; on est arrivé.

D'après ce que nous avons dit de la rareté des voyageurs à Tripoli, on peut penser que les hôtels sont peu nombreux. En effet, l'hôtel dont nous parlons est, avec deux ou trois hôtelleries d'un ordre inférieur, tout ce que la capitale de la Barbarie peut offrir à ses visiteurs. Si ces derniers se contentent de la cuisine italienne et ne recherchent pas, en pleine vie arabe, tous les raffinements des auberges suisses, ils pourront parfaitement vivre pendant quelques jours et même plusieurs semaines à l'Hôtel transatlantique ; ils seront accueillis avec bienveillance et courtoisie et le jour de leur départ, l'aspect de la note ne leur arrachera pas des larmes trop amères.

Vues de près, les fortifications de Tripoli perdent beaucoup de leur aspect redoutable mais, heureusement pour le voyageur, elles conservent leur cachet pittoresque. Le fort qui a si malheureusement perdu ses couleurs primitives et dont nous parlions tout à l'heure est à vrai dire un peu moins bien de près que de loin, mais, le palais du pacha qui est une vieille construction d'une étendue considérable avec des murailles de cinquante mètres de hauteur et des allures de forteresse du moyen-âge, est toujours aussi imposant, qu'on le regarde du côté de la terre ou du côté de la mer. Cette énorme bâtisse contient tout un monde, une prison, un arsenal, une caserne, le harem et les appartements officiels du pacha. Il est fâcheux que les Turcs interdisent sévèrement d'en prendre un croquis ou une photographie. Les Européens n'ont d'ailleurs pas grand'chose à critiquer à propos de cette interdiction. Ni en France, ni en Allemagne, ni en Angleterre il ne fait bon s'amuser avec un crayon ou un objectif aux environs d'une fortification quelconque.

Les rues de Tripoli sont fort animées, non-seulement les jours de marché mais encore durant toute la semaine. On y voit circuler une foule de gens affairés, des Turcs graves et un peu pesants, des Arabes de la ville dans leurs burnous et d'autres dont tout le vêtement consiste en un caleçon de calicot et une chemise qui tombe librement hors du caleçon ; ceux qui le peuvent complètent ce costume par quelque gilet sans manches, ouvert sur la poitrine et confectionné, soit avec de la soie, soit avec du coton. Les étoffes de soie, généralement de couleurs éclatantes, sont rayées et proviennent d'ordinaire des fabriques italiennes. Des Arabes du désert, à peine vêtus, aux membres secs aux jambes minces et brunes, brûlés par le soleil, enveloppés d'un haïk blanc, coiffés d'une chechchia jadis rouge, croisent des juifs, mieux habillés portant un turban de couleur sombre et revêtus d'un cafetan ou même d'un long pardessus en alpaga de provenance européenne. On peut rencontrer en quelques instants toute une série de nègres, les uns au nez presque droit, aux lèvres fortes et charnues, mais dont le profil se rapproche de celui de la race caucasique, d'autres, venant du Sénégal, presque sans nez, aux maxillaires énormes et aux lèvres démesurées. Des noirs de l'intérieur, à la figure sillonnée des cicatrices traditionnelles de leur tribu s'écartent avec un respect mêlé de crainte devant un caravanier calme et tranquille vêtu d'un riche costume oriental et regardant autour de lui de son œil calme et hardi, habitué à contempler sans crainte tous les dangers du désert. Les Maltais, vêtus en ouvriers européens circulent, s'écartant pour faire place aux porte-faix qui, couverts d'une simple tunique de coton serrée à la taille, portent à deux et quelquefois à quatre sur de longues et fortes barres de bois, des ballots de marchandises ou des tonneaux remplis d'huile d'olive ou de pétrole. Quelques femmes soigneusement voilées traînant avec elles des enfants demi-nus mais riant et souvent jolis, s'effacent contre le mur, quand passent des officiers, marchant affairés comme s'ils allaient prendre un poste de combat; enfin on voit quelquefois un père franciscain dans sa robe de bure, la tête nue sous le soleil ardent, au teint bruni comme celui d'un indigène et la longue barbe tombant sur la poitrine ; les maltais le saluent avec vénération et les musulmans lui font place avec un sentiment de respect sympathique. On passerait ainsi de longues heures à voir ce mouvement curieux que considère d'un œil tranquille ce gros marchand de bonbons assis gravement devant la petite table où se trouve établie sa marchandise. Il remue ses sucreries avec ses doigts d'une propreté un peu douteuse et malgré la couleur locale, on ne peut s'empêcher, en le voyant, de penser au fameux marchand de dattes du passage des Panoramas, qui durant de longues années donnait aux badauds parisiens une idée de l'Orient.

Nous avons dit que les rues de Tripoli sont pavées, au moins d'une façon relative; mieux que cela, elles sont éclairées le soir et aussi bien sinon mieux que beaucoup de nos petites villes de province. De grosses lampes à pétrole placées dans des lanternes de verre et soigneusement entretenues, donnent la nuit une clarté très suffisante pour se conduire et l'on n'a pas besoin de se munir de la lanterne classique pour rentrer chez soi.

Ce dernier engin est réservé aux gens qui sont allé passer la soirée chez quelque personnage de distinction; pour leur faire honneur, on les reconduit à leur domicile avec un luminaire à plusieurs bougies.

Tripoli jouit, nous ne savons pourquoi, d'une assez mauvaise réputation en Europe, au point de vue de la sécurité. Beaucoup de personnes se figurent que les Européens n'y sont point en sûreté, que les passions religieuses y sont dans un perpétuel état de surexcitation et qu'il est imprudent de sortir après le coucher du soleil.

<small>La Sécurité</small>

Tous ces bruits, avons-nous besoin de le dire, sont de simples racontars. Les rues de Tripoli sont aussi sûres la nuit que le jour et il est infiniment plus prudent d'y circuler que dans celles de Marseille par exemple. D'ailleurs, de nombreux corps de garde de zaptiés — gens de police — et de soldats de l'armée régulière sont placés dans la ville, mais ils n'ont jamais besoin d'intervenir. Les Chrétiens circulent aussi facilement que dans quelle ville que ce soit d'Algérie ou de Tunisie, et si les convictions religieuses sont vives, elles ne se manifestent nullement par l'intolérance.

Il est évident que si un colon algérien, se croyant encore sous la protection des baïonnettes françaises, voulait faire le capitan, rudoyer les Arabes et lever son bâton comme il arrive trop souvent dans notre colonie, il pourrait lui advenir quelques désagréments. Les habitants, qu'ils soient Turcs ou Arabes se sentent chez eux et ne souffriraient pas d'insultes, mais ils sont au contraire pleins de courtoisie pour les étrangers qui savent se conduire correctement eux-mêmes. Il est bien rare d'ailleurs que le voyageur bien élevé et qui s'est renseigné à l'avance, éprouve des désagréments, quand il sait respecter les croyances, les coutumes et même les préjugés des pays qu'il parcourt.

Le Théâtre — L'existence n'est pas très gaie pour un Européen à Tripoli, cependant il y a un théâtre. Entendons-nous, il y a près de la porte de la Douane, vers les remparts, une maison composée d'une grande salle, où une troupe de Tunisie vient donner quelques représentations une fois par an. Le directeur de cette compagnie dramatique qui porte le nom de Mardochée, en homme habile, cumule plusieurs professions dont la plus lucrative n'est pas celle de directeur de spectacles. Son personnel est certainement plus riche en sujets féminins qu'en premiers rôles du sexe fort et il paraît que ses actrices ont un succès fou auprès du high life tripolitain. Leur renommée franchit même les portes de la ville et les limites de l'oasis ; elle va jusqu'au désert et quand les Africains sont en proie à une fantaisie, ils ne reculent devant aucun sacrifice pour la satisfaire. Il paraît que le seigneur Mardochée sait se rendre utile dans les circonstances délicates, car on assure qu'après certaines de ses campagnes, il a emporté, pour sa seule part, plus de trente mille francs de Tripoli, et la situation financière de la ville est telle qu'on a peine à croire à pareille chose, malgré les affirmations de tout le monde.

Les Souks ou bazars de Tripoli sont assez considérables mais ne sauraient être comparés à ceux de Tunis ni même à ceux de Kairouan. Il y a très peu de marchandises et aucune qui attire l'attention des promeneurs. On y voit quelques belles nattes en sparterie du pays, quelques tapis ou autres objets venant du Soudan, mais comme les caravanes ne circulent plus que rarement entre Tripoli et l'intérieur, les Souks de Tripoli ne sont plus approvisionnés.

Les orfèvres du bazar confectionnent ces énormes anneaux en argent que les négresses se mettent aux oreilles. Pour ne pas déchirer le lobule, les malheureuses se font faire un trou au beau milieu du pavillon et se promènent fièrement avec cet ornement dont les extrémités dépassent le visage par devant et touchent la nuque par derrière. Les plus élégantes portent jusqu'à deux

Les Souks

ou trois de ces cerceaux d'oreilles dont les plus beaux sont ornés d'un morceau de corail ou de pierres de couleur. C'est hideux. Chose à remarquer, ce sont les négresses les plus laides et les plus noires qui portent le plus de bijoux ; d'autres, d'un teint plus clair, aux traits plus réguliers, grandes et belles filles toujours riant, ne portent aucun bijou aux oreilles et n'y ont même pas de trou.

Les marchandises du Soudan, gomme, dents d'éléphant, plumes d'autruche, ne se trouvent pas dans les souks, il faut aller les chercher dans les maisons des négociants.

<small>Les Habitants</small> La population de Tripoli est évaluée à quarante mille personnes environ, dont trente mille musulmans, six mille juifs, trois mille maltais, six cents italiens, une centaine de grecs et quelques autres individus de nationalités diverses.

Les Français y sont représentés, en dehors du personnel du Consulat, par cent cinquante algériens protégés et six français nés dans la mère patrie ; encore ne sommes-nous pas absolument certains de ce dernier chiffre.

On le voit, la France ne brille pas en Tripolitaine par le nombre de ses enfants. Ajoutons cependant que notre pays est respecté et considéré. Nous en avons la preuve par la préférence marquée que les Tripolitains manifestent pour le service de la poste française, à laquelle ils confient plus volontiers qu'à tout autre le soin de transporter leurs lettres et leurs valeurs. Cette confiance constitue même un supplément de travail considérable pour les employés du Consulat chargés de cette besogne.

En effet, par suite d'un règlement dont nous ne comprenons guère les motifs, la poste du Consulat n'a pas le droit d'émettre des mandats pour une somme supérieure à cinquante francs. Il en résulte un travail aussi fastidieux que compliqué, quand il s'agit d'envoyer des quantités d'argent un peu considérables. Les administrations ont leurs mystères.

C'est un spectacle vraiment curieux que celui que présente la distribution des lettres, le jour de l'arrivée du courrier. Une foule de gens affairés se pressent à la porte et dans le vestibule de la cour du consulat. Les cawas, qui portent un costume de zouave, les contiennent, sans grand peine d'ailleurs, car chacun se connait et cause tranquillement en attendant son tour. Dans le bureau de la chancellerie, le chancelier et le deuxième drogman font le tri et par une petite fenêtre appellent successivement les noms de ceux dont le paquet de correspondances est préparé. Celui qui est désigné répond et s'il est trop

4

éloigné de la distribution, on lui fait passer de main en main les correspondances qui lui sont destinées. Beaucoup n'ont pas la patience d'aller jusque chez eux pour connaître le contenu des missives que leur a apportées le paquebot. Ils les décachètent dans la rue, se contentant de s'effacer contre le mur pour ne pas gêner la circulation et ils lisent sans s'inquiéter des bousculades dont ils sont l'objet. D'autres, espérant répondre par le même paquebot, s'empressent de courir vers leur domicile pour que le bateau qui leur a apporté une lettre d'Europe puisse le jour même emporter la réponse.

Les Musulmans Les Musulmans, comme nous l'avons dit, forment la majeure partie de la population de Tripoli et la presque totalité de la population du reste de la province. Ils sont très religieux pour la plupart et suivent les prescriptions du rite malékite, sauf les Turcs et leurs descendants les Couluuglis qui appartiennent au rite hanéfite.

La ferveur religieuse des musulmans tripolitains a favorisé parmi eux la propagande des principales sectes religieuses. Il y a à Tripoli beaucoup de kaderya, de chadelia, de rahmanya, toutes sectes en général absolument hostiles aux chrétiens. Les Snoussya, c'est-à-dire la plus importante des sectes religieuses musulmanes actuelles, au moins au point de vue de la propagande, sont très nombreux dans les oasis de la Tripolitaine, dominent presque complètement dans le Fezzan et sont les maîtres absolus en Cyrénaïque.

Dans un autre ouvrage (1) nous avons appelé, à la suite de bien d'autres écrivains plus compétents que nous, l'attention sur l'impulsion vraiment extraordinaire donnée à l'Islam par cette confrérie de Snoussya qui semble rêver de réserver l'Afrique au Koran, et préparer, par la conversion des Touâreg et des noirs, les éléments d'une nouvelle invasion des pays occidentaux semblable à celle qui se déchaîna sur le monde à la voix du khalife Omar.

Les politiques européens, habitués à ne considérer comme importants que les événements qui se passent sous leurs yeux ou qui sont de nature à les toucher personnellement et sur le moment, n'attachent pas une grande valeur à ce que disent sur cette question tous ceux qui ont étudié l'Afrique du nord autrement qu'au point de vue pittoresque ; Dieu veuille qu'un jour ou l'autre quelque coup de tonnerre inattendu ne les réveille de leur torpeur.

---

(1) *La Tunisie*, 1 vol. in-12. Paris, Challamel aîné, 1886

Les Turcs ou plutôt le Padischah ont jusqu'à présent lutté contre les Snoussya dont l'extension rapide donnait des inquiétudes à Constantinople. En outre, les Snoussya, répétant partout que leur chef actuel portait sur sa personne les signes particuliers qui, d'après la tradition, désignent le Maître de l'heure, *Moul-el-Saa* que certaines prophéties disent devoir venir, précisément à notre époque, relever la gloire de l'Islam, on comprend que le Sultan, malgré sa ferveur religieuse, n'ait pas vu sans ombrage se dresser devant lui cette puissance toujours grandissante. Il semble cependant que devant les dangers de plus en plus imminents qui menacent l'empire ottoman, le Sultan ait cédé quelque peu. On raconte, mais sous ce rapport nous ne pouvons avoir aucun renseignement positif, que le Commandeur des croyants se serait fait affilier aux Snoussya. Si le fait est exact, on ne saurait se dissimuler sa gravité.

Quoi qu'il en soit, jusqu'à ces derniers temps, les Snoussya, quoique assez nombreux à Tripoli, n'y pouvaient enseigner leur doctrine. Aujourd'hui il n'en est plus ainsi. Au commencement de 1886 un moqaddem (littéralement : celui qui est mis en avant), titre correspondant à celui de Prieur dans nos ordres religieux, personnage servant d'intermédiaire entre le Cheikh, chef suprême de l'ordre et les Khouan ou affiliés) est venu s'installer à Tripoli; il y a bâti une mosquée, fondé une zaouia (école) et le nombre des Snoussya s'augmente chaque jour. Avant quelques années, ils seront certainement aussi maîtres à Tripoli qu'ils le sont maintenant à Benghasi.

Malgré leurs sentiments religieux fort exaltés, les Musulmans de Tripoli sont, comme nous l'avons dit, très tolérants. Ils professent même beaucoup de respect pour les Franciscains qui desservent l'église catholique. Les cloches de la chapelle ont toute la liberté de sonner pour appeler les fidèles aux offices. Bien plus, de nombreux turcs et parmi eux des officiers de la garnison, même des officiers supérieurs, envoient leurs enfants aux écoles de garçons et de filles dirigées par les Franciscains ou les sœurs, et ces jeunes musulmans sont aussi dociles et laborieux que les autres élèves, chrétiens, grecs ou juifs.

Ajoutons à ces renseignements que beaucoup de ces noirs répandus dans l'oasis qui entoure la ville, disent bien être musulmans et récitent volontiers la profession de foi, mais nombre d'entre eux conservent les superstitions de leur pays d'origine, et la doctrine du Koran est parfaitement mélangée de fétichisme chez eux.

Les Juifs

Les Juifs, avons-nous dit, sont au nombre de six mille à Tripoli. Ils habitent presque tous la ville et on en trouve que fort peu dans les oasis. Il y en a bien quelques-uns dans des villes comme R'hadamès, R'hat ou même Mourzouk, mais la majeure partie est fixée à Tripoli. Ils y habitent un quartier spécial où ils sont entassés les uns sur les autres dans des masures sordides. Les Juifs riches habitent dans l'intérieur de la ville, mais la généralité se tient dans un rayon assez restreint. Le quartier juif est d'une saleté inénarrable et qui dépasse ce que l'on a coutume de voir dans les pays les plus déshérités du ciel sous le rapport de la propreté. Le type juif à Tripoli est généralement assez laid et ne rappelle nullement celui des Israélites de Tanger qui passe pour un des plus beaux de la race.

A Tripoli, comme dans toutes les autres villes de l'Afrique septentrionale, et on peut dire, comme dans le monde entier, les Juifs ne s'occupent que de négoce, c'est-à-dire de spéculation sur la vente et l'échange des marchandises et des valeurs.

Là, comme partout, ils ont le génie de ce commerce spécial dont le nom typique « la brocante » a fini par acquérir droit de cité dans la nouvelle langue française. Les Juifs trafiquent de tout et sur tout; mais leur principale ressource est l'usure qu'ils pratiquent sous ses formes les plus variées. Seulement comme aujourd'hui Tripoli est une ville pauvre, que le commerce y est languissant, ils ne peuvent opérer que sur des sommes infimes, et quelle que soit leur habileté, ils sont généralement plus pauvres qu'ailleurs.

Si les Juifs ne s'enrichissent guère, ils ont cependant trouvé un moyen de ruiner les autres négociants et ce moyen est le suivant.

N'ayant pas ou presque pas de capitaux pour pratiquer l'usure, ils ont recours pour s'en procurer à un procédé assez ingénieux.

Ils organisent un petit commerce et font en Europe des commandes, pour la plupart d'articles de vente courante et de défaite facile. Ils ont soin d'ailleurs de ne demander que des objets de première nécessité et aux prix les plus infimes. Grâce à des recommandations que leur procurent leurs coreligionnaires plus fortunés, ils se font ouvrir un petit crédit chez les producteurs et reçoivent les marchandises qu'ils règlent en traites à longue échéance.

Une fois les marchandises reçues, nos négociants s'empressent de les offrir à un prix encore au-dessous de leur valeur. Grâce à cette diminution, ils les écoulent rapidement, font la plupart de leurs ventes au comptant ou à de très courtes échéances et arrivent ainsi à se procurer un petit pécule. Ce peu de numéraire, ils le font valoir, en le prêtant à des intérêts fabuleux, aux Arabes du voisinage, toujours à court d'argent et qui ne savent jamais résister, en grands enfants qu'ils sont, à une tentation de vanité ou de plaisir.

L'Arabe paie et lorsque l'échéance de la traite arrive, le Juif peut y faire face. La petite perte qu'il a subie sur ses marchandises lui est remboursée au centuple par les intérêts formidables qu'il a fait rendre à son argent, et il arrive ainsi petit à petit à se former un capital relativement important. Le résultat de ce manège ingénieux est que les négociants qui veulent faire des affaires dans des conditions normales, ne peuvent supporter la concurrence de gens qui ont tout intérêt à vendre meilleur marché qu'ils n'achètent. De cette façon le commerce de Tripoli va sans cesse en s'amoindrissant, et on peut comprendre qu'un moment viendra où il sera tout à fait impossible.

Pour dire toute la vérité, nous devons ajouter que certains chrétiens peu scrupuleux, voyant que cette tactique réussissait à ses inventeurs, ont marché sur leurs traces et les ont imités sur une grande échelle. On peut dans ces conditions se rendre compte de la facilité qu'il y a à faire des affaires sur la place de Tripoli, comme on dit en style commercial.

Si l'Arabe est volé par le Juif, il le sait, et s'il tolère un mal qu'il se sent impuissant à prévenir, il n'en éprouve pas moins le plus profond mépris pour celui qui l'exploite. Ce mépris est manifeste. Il n'est pas un bédouin, n'ayant pour tout vêtement qu'une culotte en lambeaux, un débris de chemise et un haïk, où il y a plus de trous que d'étoffe, qui ne couvre d'un regard absolument méprisant un juif, fût-il le plus riche de Tripoli. Le Musulman tolère le Juif comme un mal nécessaire, mais il lui fait sentir son peu d'estime en le tenant à l'écart et en ne lui accordant ni considération, ni influence. On comprendra après cette observation, combien la naturalisation en bloc des Juifs d'Algérie, par le décret Crémieux a dû porter de préjudice aux Français dans le monde musulman. Pour les Mahométans, les Français n'ont pas fait monter les Juifs jusqu'à eux, mais ils sont descendus au rang des Juifs. Jamais on ne saurait persuader à ces hommes élevés dans le culte de la tradition, que quelques lignes écrites sur un papier, ont pu relever toute une race de la déchéance à laquelle elle leur paraît condamnée par la loi religieuse et que leurs habitudes et leurs procédés n'ont jamais rachetée.

C'est en Orient, c'est dans les pays ou le Juif est encore soumis aux humiliations quotidiennes qu'il avait jadis à subir dans le monde entier, qu'il faut aller pour étudier cette race curieuse et la bien juger.

Ce qui a soutenu les Juifs dans les épreuves si dures et si pénibles qu'ils ont subies à travers les âges, c'est l'immense orgueil qui réside en eux, qui les fortifie dans l'adversité, qui les rend à leurs yeux supérieurs à toutes les humiliations.

Ce sentiment d'orgueil, le Juif le puise d'abord dans sa foi religieuse et aussi dans la persuasion spéciale, dont il est pénétré, qu'il appartient à un peuple particulier, choisi et placé par Dieu au-dessus de tous les autres et que son origine est supérieure à celle de tous les autres peuples du monde.

Les Juifs peuvent en Europe affecter les opinions les plus démocratiques, ils n'en seront pas moins la race la plus aristocratique qui existe, puisqu'ils se considèrent eux-mêmes comme la plus haute et la plus pure des aristocraties. On peut être certain qu'un Juif, si riche et si puissant qu'il soit, aura toujours en lui-même plus de considération et plus de respect vrai pour un de ses coreligionnaires, fût-il en haillons et sans une obole, que pour le représentant des plus vieilles familles de France, d'Angleterre ou d'Allemagne.

C'est que le pauvre comme le riche ont la même conviction, à savoir qu'ils appartiennent tous deux à la même aristocratie d'essence divine à leurs yeux, et cette communauté d'origine constitue le plus puissant des liens.

Du sentiment de ces deux supériorités résulte chez les Juifs la conviction d'une valeur morale qu'ils dissimulent, il est vrai, peut-être moins en Orient, mais qu'il est certainement plus facile d'observer dans ces pays qu'en Europe. Leurs livres les encouragent d'ailleurs dans cette haute opinion qu'ils ont d'eux-mêmes. D'après le Talmud, tous ceux qui ne sont pas juifs ne sont pas des hommes ou ne sont pas dignes d'en porter le nom. Quand Abraham arriva au pied de la montagne où il devait sacrifier Isaac, il se retourna et demanda à ses serviteurs : « Voyez-vous Dieu? — Nous ne le voyons pas, répondirent-ils. — Eh bien, reprit le patriarche, restez ici vous et les ânes. »

Par ces paroles, disent les docteurs juifs, Abraham faisait entendre que ceux à qui Dieu ne s'était point révélé ne présentent qu'une vaine apparence humaine, qu'ils doivent être considérés comme des animaux, travailler comme eux et que les prescriptions sacrées ne les concernent point. Les rapports qu'on a avec eux ne doivent donc avoir d'autres règles que l'intérêt personnel ou la crainte qu'ils peuvent inspirer. C'est à l'esprit, né de ces traditions, qu'il faut attribuer le sentiment de répulsion que les Juifs ont toujours éprouvé pour les peuples au milieu desquels ils ont vécu et dont on retrouve la trace jusque dans leur attitude dans l'Europe actuelle.

D'Escayrac de Lauture, un des hommes qui a le mieux observé et su voir l'Orient, rapporte ce qui suit :

Il faut entrer, en Orient, dans la maison du juif, le suivre dans les rues, l'écouter, l'observer, pour comprendre toute la hauteur de son orgueil, toute l'énergie de sa haine pour les musulmans et les chrétiens.

Il sent qu'il est le plus faible et n'ose recourir à la force pour se venger des affronts qu'il reçoit. Depuis Titus d'ailleurs, ce peuple, si brave avant d'être vaincu et de voir brûler son temple, ne nous fait plus la guerre qu'avec une balance inégale et un mètre écourté.

Mais habile à soulager, par des attaques indirectes et illusoires, le poids de ses rancunes, le juif, en sortant de chez lui, regarde son or et s'il rencontre dans le bazar quelque musulman de sa connaissance : « Dieu te préserve de ce que j'ai vu » lui dit-il, comme s'il faisait allusion à quelque événement fâcheux dont il aurait été le témoin.

S'il vend des bouteilles, il criera en turc : « *Musulmanler chicheler* »; ce qui veut dire : « musulmans, des bouteilles » mais peut se traduire par : « musulmans, devenez hydropiques. »

S'il vend des allumettes, il interpelle les passants en leur offrant la marchandise et leur répétant : « *Altchak, agha* » « prenez et frottez, mon maître »; en unissant les deux premières syllabes de cette phrase, le sens devient : « Vous êtes une canaille, Monsieur. »

Ce que nous avons dit, et le dernier coup de pinceau qu'y ajoute le célèbre voyageur français, suffit pour achever le portrait du juif de Tripoli.

Les chrétiens de Tripoli, au nombre de trois à quatre mille, sont pour la plupart des Maltais. On sait que les Maltais sont de fervents catholiques. Le gouvernement ottoman, qui est le maître de la Tripolitaine depuis 1835, a continué vis à vis d'eux, les procédés de tolérance bienveillante dont les Karamani, qui gouvernaient le pays auparavant, avaient usé en faveur de gens tranquilles en somme, et dont l'attitude n'avait rien de provoquant au point de vue religieux.   *Les Chrétiens*

Les Maltais suivent assidûment les offices et la chapelle des Franciscains, la seule de la ville, est trop étroite le dimanche, pour les fidèles qui assistent à la messe et aux vêpres. Dans cette petite église, décorée à la mode italienne, se dresse une tribune réservée au consul de France, protecteur des chrétiens dans les Etats barbaresques. Les jours ordinaires, le nombre des assistants, hommes et femmes présents à la messe, est certainement beaucoup plus considérable qu'en aucune ville de France ou d'Italie, comptant un nombre de catholiques équivalant à celui que contient Tripoli.

Il existe d'ailleurs une solidarité assez grande entre les catholiques de Tripoli ; s'il en meurt un, tous les autres suivent son enterrement, et, imitant en cela l'usage arabe, se remplacent les uns les autres, changeant fréquemment entre eux, pour porter le corps à l'église et au cimetière. Ainsi que nous l'avons dit les enterrements chrétiens se font à Tripoli dans les mêmes conditions qu'en Europe ; le clergé en vêtements sacerdotaux précède le cercueil et en tête du cortège marche la croix.

Une coutume particulière existe chez les catholiques de Tripoli, quand meurt l'un de leurs coreligionnaires.

Les portes sont en général à deux battants, même les petites. Du moment que le décès est connu, et jusqu'au jour de l'enterrement, l'un des battants de la porte reste fermé en signe de deuil.

Les intérêts religieux des catholiques sont administrés en Tripolitaine par des Franciscains, dont nous ne saurions nous dispenser de parler, dans un travail qui a pour but de décrire le plus exactement possible un pays bien peu connu en France. Les Franciscains

Les Franciscains sont les pasteurs de l'Afrique septentrionale depuis des siècles. Ils y ont conquis, pour ainsi dire, leurs lettres de grande naturalisation par tous les services qu'ils y ont rendus et par le nombre de leurs Pères qui sont morts à la peine, en prêchant l'Evangile dans cette région.

Les Arabes, qui professent presque tous une vénération toute particulière pour les prêtres catholiques, ont depuis longtemps rendu justice au dévouement des Franciscains, dont les allures bonhomme, si on veut nous permettre ce mot familier, leur étaient particulièrement sympathiques. Il existe même à ce sujet, en Tunisie, une légende que nous demandons la permission de rappeler.

Autrefois, à Tunis, les Franciscains qui ne portent point de chapeau, et dont la robe est d'une couleur peu flatteuse, étaient en butte aux insultes des Arabes des basses classes. Leur supérieur s'en plaignit au Bey, qui n'y comprenait rien et qui néanmoins donna des ordres à ce sujet. Mais les choses ne s'amendèrent point et les Franciscains n'osaient presque plus sortir.

Un jour que le supérieur, désolé, réclamait avec instance et suppliait le Bey de trouver un moyen de protéger efficacement ses religieux, celui-ci eut un trait de lumière, et se mettant à rire lui dit :

— Je vois ce que c'est, mes sujets vous prennent pour des juifs et ils vous traitent en conséquence. Mais tenez, ajouta-t-il, en le coiffant de sa propre checchia, mettez ceci, et à l'avenir, vous pourrez aller partout et ne recueillir que des respects.

C'est depuis ce jour-là, que les Franciscains et aujourd'hui les Pères blancs portent la checchia dans la régence de Tunis.

Les Franciscains de Tripoli, n'ont même pas eu besoin d'emprunter quoi que ce soit au costume oriental, pour être respectés. Comme nous l'avons dit, la population leur témoigne une considération mêlée de sympathie.

Il faut bien dire aussi que les Pères Franciscains de Tripoli ne s'occupent pas seulement de leur ministère religieux, ils se consacrent encore à deux œuvres de charité : le soin des malades et l'instruction des enfants.

Le bâtiment où ils sont installés et qui leur a été donné par les Karamani, les anciens souverains de Tripoli, contient non seulement l'église et l'habitation des Pères, mais aussi un petit hôpital d'une vingtaine de lits et un dispensaire où les malades peuvent réclamer les soins d'un médecin et où les remèdes leur sont délivrés gratis. Dans la salle d'attente de ce dispensaire, nous avons vu non seulement quelques chrétiens mais aussi nombre d'indigènes, dont beaucoup de femmes, amenant leurs enfants malades et même des soldats turcs qui venaient recourir à la bienfaisance chrétienne.

A côté de l'établissement principal et, coïncidence curieuse, dans le bâtiment même qui servait de bagne aux esclaves capturés par les corsaires, les Franciscains ont installé leurs écoles de garçons. Ils ont environ 125 à 150 élèves appartenant à toutes les religions et qui, sous la direction de professeurs intelligents et capables, apprennent les éléments d'une bonne instruction primaire. On leur enseigne la lecture, l'écriture, les langue française et italienne et les premières notions des connaissances usuelles. Comme chez nous, les murs des classes sont tapissés de grands tableaux contenant les figures des objets dont le professeur parle aux enfants, et c'est un spec- *Les Ecoles* tacle des plus intéressants que de voir tous ces marmots, dont les plus jeunes n'ont guère plus de six ou sept ans, suivre avec attention les paroles de leurs maîtres. Parmi eux, nous avons remarqué plusieurs enfants des officiers turcs de la garnison, et leur nombre était même plus considérable avant que les bruits propagés par les journaux et relatifs aux projets d'occupation de la Tripolitaine par la France ou par l'Italie eussent excité une certaine émotion dans le monde officiel musulman.

L'école des Pères Franciscains de Tripoli rend donc de véritables services à la cause de la civilisation, en ce sens qu'elle propage parmi les indigènes non seulement l'instruction et la connaissance des langues européennes, mais encore parce que la sympathie que les professeurs excitent chez leurs élèves les habitue à ne pas éprouver, vis à vis des chrétiens, qui leur ont donné les premiers éléments de l'instruction et l'éducation, les préjugés hostiles qu'ils n'auraient pas manqué de partager s'ils avaient simplement suivi le cours des zaouia qui accompagnent la plupart des mosquées.

A ce titre, nous regrettons de voir le gouvernment français, qui n'a pas abdiqué son titre et son rôle de protecteur des chrétiens en Barbarie, ne pas s'inquiéter suffisamment du progrès de cette œuvre si utile. Il y a déjà quelque temps, les bâtiments devenant insuffisants par l'accroissement du nombre des élèves, le P. Supérieur, le P. Angelo di Sant'Agata, préfet apostolique de la Tripolitaine, adressa au ministère français une demande de secours. Après des démarches sans nombre, il n'obtint qu'un maigre envoi d'un millier de francs, somme presque égale à celle que le gouvernement français sert chaque année à un ancien déporté, échappé de Lambessa où il avait été envoyé après le 2 décembre, et qui représente, à Tripoli, le type du républicain français dans sa forme la plus classique.

A côté de l'école des garçons se trouve un asile infantile où, sous la direction d'une sœur française, les tout petits enfants de trois à cinq ans s'amusent bruyamment, tout en épelant, non sans peine, les lettres de notre alphabet.

A quelques cents mètres de l'église, se trouve l'école des filles, qui ne compte pas moins de 350 élèves et qui est, elle aussi, beaucoup trop petite pour contenir son personnel. Les sœurs qui la dirigent et dont la maison mère est à la Capelette, près de Marseille, ont beau se multiplier, elles ne peuvent suffire à leurs occupations et c'est merveille que de les voir s'exténuer à leur dure besogne, cent fois plus pénible sous un soleil de feu et avec une température qui atteint les limites les plus extrêmes de la chaleur.

Cette pénurie de professeurs donne lieu même parfois à des scènes amusantes. Dans l'école des filles, on enseigne non seulement les éléments de l'instruction, mais aussi le piano. Il paraît que le piano est en grande vogue à Tripoli, car le nombre des jeunes filles qui demandent à l'apprendre est considérable. Parmi les sœurs, il n'en est que deux, dont l'une d'origine bulgare, qui soient en état de donner des leçons. Or il y a deux pianos dans la maison; du matin au soir, les instruments sont utilisés; seulement les élèves se succèdent, et les professeurs, constamment sur la brèche, finissaient par succomber à la fatigue. Heureusement il leur est venu un aide. En visitant l'établissement, nous vîmes un Père Franciscain qui donnait une leçon de piano à une jeune fille; c'était le frère cuisinier qui enseignait l'art musical à la fille du consul grec. Il faut aller à Tripoli pour faire des rencontres de ce genre.

D'ailleurs, les Pères Franciscains sont bien obligés de faire un peu tous les métiers. Ils possèdent parmi eux un homme d'une aptitude vraiment merveilleuse pour tout ce qui concerne la construction. Tour à tour architecte, maçon, charpentier, couvreur, peintre décorateur, il conçoit les plans et les exécute. C'est lui qui, aidé seulement de manœuvres, a fait la plus grande partie des constructions de la mission à Tripoli, et il est également l'architecte et le constructeur de l'église de Benghasi, qui est un véritable monument.

Les sœurs qui dirigent l'école jouissent à Tripoli d'une grande considération. Elles peuvent sortir et circuler dans les rues à toutes les heures, elles ne rencontrent jamais que des marques de sympathie et de vénération.

Les autres étrangers qui habitent Tripoli sont peu nombreux. On y compte une centaine de grecs, presque tous employés du gouvernement ou commerçants. Là, comme partout en Orient, ils se laissent aller à cet esprit d'intrigue que leur finesse naturelle rend si dangereux pour ceux qui les emploient. Les Grecs sont mêlés à toutes les manœuvres dans le monde ottoman. Quand il n'y en a pas, ils en font naître, et sous ce rapport leur esprit subtil est d'une ingéniosité vraiment extraordinaire. Il semble vraiment que ce peuple, qui n'a jamais su constituer un empire personnel, ait une sorte de spécialité pour désorganiser les gouvernements qui s'en servent. Ce sont les Grecs qui sont arrivés à détruire l'empire

Les Grecs

romain ; en ce moment ils achèvent de détruire l'empire ottoman ; si la Russie n'y prend garde, ils lui feront subir le même sort. Le Grec est le dissolvant politique le plus puissant peut-être qui existe au monde.

Si l'on ajoute aux Grecs quelques anglais attachés aux exploitations d'alfa et quelques algériens protégés de la France, on aura une idée assez complète des échantillons des différents peuples qui vivent en Tripolitaine.

Les Dissidents tunisiens
Dans les environs de l'oasis, sur la limite qui sépare les cultures de palmiers du commencement du désert sablonneux, on rencontre assez fréquemment des campements de Tunisiens réfugiés. Ce sont en général d'assez piètres sires qui vivent un peu par tous les moyens. Quelques-uns travaillent de temps à autre dans les usines à alfa ou se louent comme manœuvres aux indigènes qui apportent la plante, mais ils ne travaillent que quand ils ne peuvent faire autrement et ils sont un objet d'inquiétude permanente pour les maraichers qui cultivent les jardins où poussent les légumes et les fruits destinés à la consommation de la ville. Chapardeurs infatigables, tout leur est de bonne prise. Aussi les habitants de l'oasis sont-ils heureux

quand ils apprennent qu'une de ces bandes de dissidents se résout à quitter le pays et à s'embarquer sur un paquebot français pour rentrer en Tunisie. Jamais hôte fâcheux ne vit une pareille satisfaction accueillir la nouvelle de son départ.

CHAPITRE III

LES ENVIRONS

LES ENVIRONS. — LES MARCHÉS. — LA PROMENADE
LE CAFÉ TURC. — LE JARDIN. — L'OASIS

Les Environs．Quand on sort de Tripoli, par la porte qui donne du côté de l'Orient et qui est située aux pieds du palais du pacha, on se trouve devant une plaine sablonneuse, bordée à gauche par la mer, à droite par diverses constructions et sur laquelle se tiennent les deux grands marchés, celui de l'alfa et celui des approvisionnements. Au milieu de cette plaine, on voit un essai de jardin public à côté duquel le gouvernement turc fait construire des casernes monumentales qui, d'après leurs dimensions, pourront contenir un nombre de troupes très considérable.

Le marché de l'alfa se tient presque tous les jours ; il n'est pas absolument régulier et dépend des livraisons parfois retardées par suite des difficultés qu'éprouvent les Arabes à récolter le textile, de l'état des chemins et des distances à parcourir. Quand les arrivages sont considérables, le marché de l'alfa offre un spectacle des plus curieux. Cinq ou six cents chameaux se trouvent réunis, les uns debout et encore chargés, d'autres agenouillés et qu'on décharge, d'autres enfin qui se reposent, placés en ronds et balançant leurs grands cous jaunâtres surmontés d'une tête peu intelligente. Les conducteurs vêtus d'une chemise serrée à la taille par un cordon, bras et jambes nus, la tête couverte d'une calotte jadis rouge, ou d'un turban en lambeaux, courent, crient, hurlent, levant sans cesse le bâton qu'ils portent à la main et le laissant lourdement retomber sur la croupe des chameaux ou sur le dos des ânes qui leur servent de montures et qui fourmillent au milieu des chameaux.

Tous ces chameaux sont à une seule bosse et ne sont aptes qu'à porter des fardeaux. Leur force est d'ailleurs bien moindre que celle des grands chameaux de l'Asie. On ne peut pas bien s'en rendre compte pour ceux qui ne font que porter de l'alfa, dont le volume empêche de donner aux charges des poids bien considérables, mais quand ces animaux sont employés au service des caravanes, il faut des circonstances bien exceptionnelles pour qu'on leur mette plus de 80 à 100 kilogrammes sur le dos. Le prix d'un chameau ordinaire à Tripoli, n'est guère de plus de deux cents francs.

Quand un chameau vient de faire un long voyage et qu'il a subi des privations on s'en rend compte immédiatement à la vue de sa bosse. Cette excroissance graisseuse est pour l'animal une véritable réserve, c'est sur elle qu'il vit quand il n'a rien à manger, et, lorsque cette ressource est épuisée, l'animal ne peut plus supporter ni la fatigue ni le manque de nourriture. Il lui faut un temps assez long pour se remettre, quand les circonstances l'ont amené à cet état d'épuisement.

Le chameau de course ou *Mehari* est presque inconnu sur le marché de Tripoli ; il n'en vient que de loin en loin et leurs propriétaires ne se décident que bien rarement à les vendre. Il faut qu'ils aient grand besoin d'argent pour se résoudre à cette extrémité et encore ils demandent des prix exhorbitants.

Le marché aux approvisionnements se tient aussi dans la plaine dont nous venons de parler, mais sur un point un peu plus rapproché de la ville.

Il a lieu tous les mercredis matin. C'est un spectacle vraiment curieux que celui qu'offrent ces masses d'arabes, avec leurs chameaux, leurs ânes, leurs chevaux, qui viennent apporter leurs denrées. Ils déballent leurs marchandises, les étalent sur le sable, s'accroupissent à côté et attendent patiemment la pratique.

On trouve de tout dans ce marché, mais il y règne cependant un certain ordre, en ce sens que les marchands des mêmes objets se groupent toujours ensemble. Dans un coin on trouve les bouchers, qui dressent des nattes du côté d'où vient le soleil pour abriter leurs marchandises et qui pendent à des ficelles des quartiers de viande pour le plus grand plaisir des mouches. On y vend des moutons ou plutôt des agneaux, des veaux et même des chameaux, que les bouchers détaillent avec de grands couteaux sous les yeux et à la convenance de leurs clients.

Un peu plus loin, sont les marchands de légumes qui ont apporté leur récolte dans un couffin qu'ils tiennent ouvert devant eux. Ce sont des montagnes de salades, de piments, de choux-fleurs, de haricots verts, de dattes, d'oranges, de grenades. Les ânes sont mêlés fraternellement avec les marchands aussi bien que les chameaux qui, tout accroupis qu'ils sont, ont encore la tête à la hauteur de la figure d'un homme ordinaire.

Aussi à chaque instant, en se retournant, on se trouve nez à nez avec un chameau, on manque l'embrasser, et l'on se recule en toute hâte devant cette caresse peu engageante.

Dans un autre coin, se tiennent les marchands de nattes en sparterie, les marchands de burnous, de checchias, de linge, de bimbelotterie. Là, un Arabe a apporté tout un assortiment de flûtes à deux tuyaux, au son criard comme un fifre enrhumé. Il en tire des sons qu'il croit mélodieux, et aussitôt une douzaine d'amateurs viennent s'accroupir à côté de lui; chacun prend une flûte, et sous prétexte de l'essayer souffle dedans et l'ensemble constitue un concert comme on doit en entendre dans l'enfer des musiciens.

Si chacun apporte sa marchandise et va se caser dans un coin spécial, chacun apporte une ou deux ou quatre poules et des œufs; cette denrée se trouve sur tous les points du marché. Un peu partout circulent aussi des marchands de gibier, portant des perdrix ou des cailles vivantes dans de petites cages en jonc.

Un peu plus loin sont les chameaux à vendre; les chamelles sont souvent accompagnées de leurs petits; c'est un animal bien laid qu'un jeune chameau et il n'est même pas toujours très agréable de s'en approcher; par moment il se roule par terre et envoie au hasard ses quatre longues jambes; tant pis pour ce qui se rencontre à sa portée.

Dans un coin, une vieille négresse ornée de six anneaux à chaque oreille et de douze bracelets à chaque bras, dit la bonne aventure à une jeune négresse d'assez bonne figure. Elles sont accroupies l'une à côté de l'autre ; la vieille pythonisse dont la figure ressemble à celle d'un diable qui a cuit longtemps dans les marmites de l'enfer, place des cailloux de couleur sur le sable et, grâce à eux, dévoile l'avenir, à sa crédule interlocutrice qui l'écoute bouche béante et avec une foi qui, jointe à sa couleur, fait souvenir de celle du charbonnier.

Au milieu de ce tohu-bohu circulent tranquillement les habitants de Tripoli qui viennent faire leurs provisions. Nous disons habitants et non habitantes, parce qu'à Tripoli ce sont les hommes qui vont au marché. Les femmes restent à la maison. Elles ont pris, dans une certaine mesure, les habitudes orientales ; même les femmes chrétiennes, même les Maltaises ne sortent guère et restent confinées dans leur intérieur. Dans cet intérieur, beaucoup d'entre elles ne s'occupent guère des soins du ménage et la cuisine elle-même est souvent abandonnée à l'expérience fantaisiste de quelque vieux Maltais à mine rébarbative.

Quand il n'y a plus de clients, quand les gens du marché ont fini leurs conversations, quand enfin le soleil devient assez chaud pour qu'il soit imprudent d'y laisser exposés les légumes invendus, les marchands se lèvent, empaquettent leurs denrées, ferment leurs *couffins* remontent sur leurs ânes ou sur leurs chameaux et regagnent leur demeure au milieu d'un nuage de poussière au sein duquel on entend retentir le rauque *baâleck*, « prenez garde » qu'ils crient pour faire écarter les piétons.

La Promenade Vers le coucher du soleil, les bords de la mer, à l'endroit où viennent expirer les vagues bleues de la Méditerranée, là où se trouve le marché, servent de promenade aux Tripolitains. Les mères viennent y conduire leurs enfants, les dames suivies d'un serviteur ou accompagnées de leur mari viennent y faire un tour et montrer les toilettes que leur a apportées le dernier paquebot. De temps en temps, une voiture arabe, marchant au grand trot, passe renfermant trois ou quatre femmes rigoureusement voilées et qu'escortent quelques cavaliers, ce sont les femmes du Pacha qui vont à la campagne. D'autres fois on voit le Pacha lui-même qui passe dans sa victoria escorté de cavaliers le mousqueton sur la cuisse.

Entre la mer et la porte est un grand café turc, **Le Café Turc**
avec une terrasse supportée par des piliers de
bois. Là, on vient s'asseoir, prendre une tasse de
café et fumer un narghilé. Européens et Arabes,
officiers turcs, juifs même, tout le monde y vit
en bonne intelligence. Pour dix centimes, on
vous sert une tasse de café et pour dix autres
centimes on vous apporte un narghilé tout prêt,
dont vous pouvez savourer le parfum assis sur
une chaise ou accroupi sur un large banc. De ce
café, la perspective est vraiment charmante, la
vue, bornée par un petit cap, offre au loin un
fond de palmiers d'un vert intense qui s'avancent
jusqu'au bord de la mer qui déferle à leurs pieds.
Entre les palmiers et les remparts s'étend la
vaste plaine sablonneuse où se tiennent les marchés et que pique au milieu, la verdure des arbres
du petit jardin qu'on y a installé. Les promeneurs
à pied et à cheval circulent sous les yeux des
spectateurs, les chevaux entravés mangent leur
orge, les chameaux couchés ruminent, tournant
de tous côtés leurs grands yeux ahuris. Vers le
soir, ce coin est certainement le plus animé et le
plus pittoresque de Tripoli.

Ce petit jardin dont nous venons de parler, est **Le Jardin**
une tentative ingénieuse et qui a presque réussi.
Dans un grand carré, on a amené de l'eau, creusé

deux ou trois bassins et planté des arbres. Là où il y a de l'eau, il pousse quelque chose et ce qu'on a planté a peu à peu prospéré. Des allées ont été tracées et pour ajouter des charmes zoologiques à la nouvelle promenade, on y a installé, dans des abris primitifs, des gazelles qui paraissent fort apprivoisées et viennent tendre leur jolie tête aux caresses du promeneur dans l'espoir d'obtenir quelques pincées de tabac turc dont elles sont excessivement friandes. Qui donc se serait douté que la gazelle, cet animal dont le nom est presque synonyme de poésie, aimait à chiquer comme un vieux matelot américain.

Dans ce même jardin, on a déposé également quelques antiquités trouvées dans les environs; deux statues de marbre, fort endommagées mais dont l'une surtout a dû être très belle, sont installées dans des espèces de bosquets. A toutes deux on a coupé la tête mais on les a déposées à côté du corps ou des restes du corps auxquelles elles avaient appartenues. Un peu plus loin une inscription latine gravée en belles lettres du temps des Antonins, mais dont il ne reste qu'un fragment, rappelle aussi que les Romains avaient eu sur cette terre aujourd'hui si aride, des établissements de premier ordre.

Nous avons dit que tout autour de Tripoli, dans un rayon d'une quinzaine de kilomètres, existait une oasis c'est-à-dire un territoire où l'eau était abondante et où on cultivait, non seulement des palmiers, dont le nombre s'élève dit-on à plus d'un million, mais encore des légumes, des fruits et même des grains.

Cette oasis est un véritable jardin et les habitants de Tripoli s'empressent à l'arrivée d'un voyageur de lui proposer de le visiter. C'est bien effectivement ce qu'il y a de plus curieux à voir dans ce pays, d'autant plus que quand on l'a suffisamment parcouru jusqu'à sa limite on peut se rendre compte non seulement de ce que c'est qu'une oasis africain, mais encore de ce qu'est la Tripolitaine.

Pour visiter l'oasis, on se sert des ânes. L'âne est l'animal par excellence de l'Afrique du nord. Certainement le chameau est une bête utile mais l'âne rend presque autant de services que lui et s'il n'existait pas, on se demande par quoi il serait possible de le remplacer pour les transports et la locomotion.

Près du café turc se trouvent les ânes qui servent à la promenade. Ce sont de grandes et fortes bêtes sellées d'un *bardah*, sorte de bât, avec des étriers et qui marchent à une allure relativement rapide. Quand on arrive sur la place où ils sont rassemblés, il faut faire son choix au milieu d'une masse de loueurs qui vous vantent les mérites de leurs montures. Le choix une fois fait, on part sans même que les propriétaires prennent la peine de vous accompagner, sans être obligé de payer d'avance ou de déposer une caution quelconque. On a confiance en vous.

Ces malheureuses bêtes sont accoutumées à être menées par des cavaliers d'un caractère peu commode. Au départ, si on les ménage, elles marchent sans ardeur, mais si, grâce à de bons conseils, on sait comment il faut les manier, on arrive à en tirer un service pratique sans même avoir besoin de trop les maltraiter en les piquant sur l'échine où, comme pour les éléphants de l'Inde, on entretient une place sensible qui est presque toujours une plaie vive.

Après un quart d'heure de trot, on arrive aux palmiers et quand on ne passe pas à travers la partie réservée aux jardins des particuliers où la plupart du temps on marche entre des murs épais construits en pisé, on circule dans des allées de grands dattiers, d'une hauteur considérable, donnant de l'ombre et sous lesquels sont installés de véritables jardins maraîchers.

Quelques jardins plantés de dattiers sont vraiment ravissants ; les arbres, espacés régulièrement, forment comme les piliers des voûtes d'une cathédrale gothique avec leurs troncs lisses s'élevant à quinze mètres de haut et surmontés d'un superbe panache de verdure qui s'incline régulièrement dans tous les sens. A chaque pas on rencontre des puits, avec des treuils primitifs servant à tirer de l'eau et manœuvrés soit par des chameaux, soit par des ânes, soit par des hommes. De nombreuses habitations de plaisance sont disséminées dans cette espèce de forêt: tantôt on rencontre une agglomération de huttes en branchages, de gourbis en nattes habités par des nègres de toutes provenances et de tous les types; tantôt, surtout vers la limite du désert, on rencontre des campements d'Arabes, avec leurs tentes basses et rondes.

Les enfants à demi-nus, les jeunes filles à peine voilées accourent sur le passage des voyageurs, tandis que les chiens arabes, dans les veines desquels coule certainement une bonne dose de sang de chacal, rôdent en hurlant autour de vos mollets, et il est souvent nécessaire de leur fournir une copieuse distribution de coups de bâton pour pouvoir s'en débarrasser.

Après avoir marché un certain temps sous l'ombre des dattiers, on arrive à la limite de l'oasis. Les arbres se font plus rares, les plantes cultivées disparaissent pour faire place à la broussaille épineuse et à l'alfa, le jour devient plus éclatant, enfin on se trouve en face de la plaine immense, moitié buissons, moitié pierrailles; c'est le commencement du *Sérir*, c'est le désert.

Beaucoup de voyageurs croient pouvoir dire que le désert qui commence à l'oasis de Tripoli n'est pas le désert vrai. S'ils entendent par ce mot ce que les Arabes appellent le *ghoud* « la mer des sables » aux dunes mouvantes, ils ont raison. Mais le désert qui entoure l'oasis est bien le désert tel qu'il existe sur toutes les routes qui mènent à l'intérieur, sauf dans quelques passages particulièrement périlleux au sud du Fezzan ou de la Cyrénaïque et la preuve en est, que les caravanes qui se dirigent de Tripoli vers le Soudan, le Bournou ou le Oudaï, commencent à prendre leur ordre de voyage et à calculer leur route par aiguades dès qu'elles ont quitté Tripoli.

L'endroit où la vue de cette ligne de démarcation entre le pays cultivé et celui qui ne l'est pas est certainement la plus saisissante, se trouve à l'orient de Tripoli. Là, quand à l'ombre des derniers palmiers, on s'arrête pour regarder devant soi, on a deux immensités, à droite, le désert, à gauche, la mer. L'un touche l'autre et l'un fait valoir l'autre. Il est peu de paysages qui, avec moins de lignes, produisent une impression comparable à celle que donne la vue de celui-là.

C'est le soir qu'il faut traverser l'oasis en revenant du désert, au moment où le soleil se couche. A cet instant la lumière a une douceur et une intensité particulière ; tamisée par les dattiers, elle prête à leur forme svelte une poésie spéciale. Le ciel, d'un bleu intense au levant et dans lequel on distingue déjà des étoiles d'or, est couleur de pourpre du côté opposé et des reflets sanglants donnent aux cimes des palmiers des teintes fantastiques comme jamais peintre n'en pourra coucher sur une toile.

Il nous est arrivé de revenir un soir sous un de ces cieux déjà assombri par la nuit ; nous chevauchions lentement quand, passant près d'un petit marabout tout blanc qui se profilait vigoureusement dans l'ombre commençante, la voix du muezzin se fit entendre, annonçant l'heure de la prière du soir. Le son de cette voix avait quelque chose de si pénétrant, de si religieux que, malgré nous, nous nous arrêtâmes, éprouvant une sensation d'une ineffable douceur.

L'idée religieuse s'emparait spontanément de l'âme en entendant cet appel à la prière mélodieux et vibrant, sous ce ciel si beau, au milieu de ces palmiers majestueux, entouré de tous les parfums qui s'exhalent de ces jardins d'Afrique au moment où le soleil s'éteint.

CHAPITRE IV

L'ADMINISTRATION

LE GOUVERNEMENT. — LA POLITIQUE. — LES DIPLO-
MATES TURCS. — LES PRÉCAUTIONS. — L'ARMÉE.
— LES CONSULATS.

Le Gouvernement

La Tripolitaine est un villayet turc dépendant directement de Constantinople et placé sous la direction d'un pacha. Les troupes sont commandées par un *Farik* ou général de division, et un amiral turc arbore son pavillon sur le bâtiment cuirassé qui stationne dans la rade.

Les fonctions du pacha sont assez multiples. Il doit veiller à la rentrée des impôts, mettre l'ordre dans les tribus soumises, protéger les caravanes et les villes du Fezzan contre les agressions des Touâreg, surveiller la frontière tunisienne pour empêcher autant que possible les combats entre tribus errantes, combats qui sont une source permanente de petits conflits entre les autorités tunisienne, française et turque, et surtout veiller avec soin à ce que les Français ou les Italiens ne s'emparent pas un beau jour de Tripoli, avant que la Sublime Porte ait été prévenue.

Voilà pour le rôle officiel. Il en est certainement un autre beaucoup plus important et beaucoup plus diplomatique. Le pacha de Tripoli est placé entre les intérêts du sultan et les aspirations des confréries religieuses qui poursuivent, sans se lasser jamais, l'accomplissement du rêve islamique : l'*Imamat universel*, c'est-à-dire le monde entier soumis au plus saint des musulmans.

Or, si ces confréries ont eu longtemps un caractère plus platonique qu'actif, il n'en est plus de même depuis ces dernières années que les Snoussya sont venus donner un corps et une direction aux aspirations vagues des ordres religieux, les réunir sous une même direction en affiliant au nouvel ordre les Khouan des autres confréries sans les obliger à renoncer à leurs habitudes particulières, et que ces missionnaires zélés ont entrepris la conversion non seulement du Soudan mais encore des noirs de toute l'Afrique.

La Politique

La levée de boucliers du Mahdi du Kordofan et la retraite que les Anglais n'ont cessé de faire devant les derviches du désert ont prouvé que les prédications religieuses avaient encore la force de soulever les peuples, et le sultan de Constantinople s'est trouvé dans une situation pénible, placé entre des coreligionnaires que ses convictions religieuses le poussaient à favoriser et ses intérêts en Europe que leur succès compromettait étrangement.

Les difficultés de la position du sultan doivent donner une idée des difficultés de celle du pacha de Tripoli. Ce dernier est actuellement le seul représentant direct de l'autorité du Padischah en Afrique.

En effet, l'Egypte est sous la domination anglaise et la Cyrénaïque dont la Porte a fait dernièrement un pachalik particulier, est absolument sous la domination des Snoussya.

C'est donc surtout avec les Musulmans que doit servir la diplomatie des délégués du Grand Seigneur à Tripoli et ils n'ont pas trop de toute la ruse, de toute la finesse, de toute la patience qui caractérisent les diplomates turcs pour lutter contre des difficultés qui se renouvellent chaque jour.

Les rapports avec les représentants européens sont au contraire relativement faciles. Quand nous disons faciles, c'est une manière de parler, il vaudrait mieux dire que les Turcs ont beaucoup moins de peine à avoir raison des Européens que de leurs coreligionnaires.

Il y a souvent des contestations entre les représentants des puissances européennes et les autorités turques ; ces conflits sont généralement d'une importance minime, mais comme dans les pays d'Orient il ne faut jamais céder, même sur les plus petites choses quand un conflit est engagé, ces affaires sans grande portée politique ou pécuniaire, demandent autant de peine et de finesse pour être menées à bien, qu'une grosse aventure diplomatique.

On ne se rend pas compte en Europe de la valeur de la diplomatie turque. Les hommes politiques de ce pays se divisent en deux catégories bien tranchées : les vieux et les jeunes. Ajoutons que ces adjectifs n'ont aucun rapport avec l'âge, mais qu'ils servent seulement à distinguer les diplomates de l'ancien système de ceux du nouveau. Le vieux Turc, fin comme l'ambre a pour principe de ne jamais s'engager formellement ; il ne promet jamais, son grand talent est de faire traîner les choses en longueur, il aime à mettre, comme disait un cardinal romain, le temps avec soi.

Les Diplomates turcs

Le diplomate turc de la jeune école a pris beaucoup des habitudes européennes ; il porte des gants, lit les journaux français et connaît les dessous des mondes parisiens. Mais sous ces apparences européennes il est aussi turc et aussi musulman que ses anciens. Seulement, avec une ironie amère, il retourne contre les chrétiens leurs propres théories. Qu'on nous permette de citer un exemple ; il est de peu d'importance mais il a le mérite d'être authentique et aussi typique que possible.

Il s'agissait d'un vol, dont le coupable avait disparu ; on savait qu'il n'était pas loin et que toute sa famille l'avait aidé à commettre son larcin. La victime était un européen et le consul ayant pris l'affaire en main, insistait auprès de l'autorité turque pour qu'elle fît les démarches nécessaires afin de trouver le coupable.

L'autorité turque ne se pressait guère, donnait des ordres, expédiait des zaptiés — soldats de police — mais en réalité ne prenait aucune mesure sérieuse. A bout de patience, le consul européen proposa au pacha d'employer un moyen souvent pratiqué par la justice arabe et qui consiste simplement à arrêter les parents du coupable et à les garder en prison jusqu'à que celui-ci soit venu se constituer prisonnier à son tour. Le procédé n'a rien d'extraordinaire en Orient.

Il aurait fallu voir le pacha quand le consul lui fit cette proposition : « Monsieur le consul, lui dit-il, comment pouvez-vous me faire une pareille proposition ? Arrêter des innocents pour obliger le coupable à se dénoncer ! Mais jamais vous n'oseriez conseiller pareille mesure à un magistrat de votre pays ! Pourquoi voudriez-vous nous pousser à employer des procédés que vos législations chrétiennes sont unanimes à repousser ? »

Le consul dût retirer sa proposition ; le voleur ne fut pas retrouvé et le Turc rit dans sa barbe.

Ces jeunes Turcs en sont arrivés à se servir contre nous, même de cet argument des peuples ultra-civilisés ou qui se prétendent tels, des fictions parlementaires.

Depuis quelques années, un iradé du sultan a rendu les tribunaux indépendants des autorités administratives.

Cet iradé est resté, comme on peut le penser, à peu près lettre morte dans la pratique. Il est bien peu de juges qui osent rendre un jugement en contradiction avec la volonté d'un pacha, mais il n'en existe pas moins en théorie et nos Turcs en jouent admirablement. Si un consul va prier le pacha ou quelque haut personnage d'intervenir dans une affaire par une simple recommandation auprès du juge chargé de l'examiner :

« Je ne saurais m'en mêler, lui répond son interlocuteur, vous connaissez l'iradé du Padischah. Aujourd'hui la magistrature est absolument indépendante du gouvernement : comme chez vous, en Occident, ajoute-t-il », et cette fois encore il se met à sourire.

Les Précautions Comme première mesure de précaution contre un envahissement possible de la Tripolitaine par les Européens, le pacha a décidé tout simplement, comme nous l'avons déja dit, qu'aucun Européen ne serait autorisé à pénétrer dans l'intérieur du pays.

Ils sont libres comme l'air à Tripoli, dans l'oasis et dans le désert qui l'environne, mais il leur est interdit de circuler plus avant, et on ne permet même pas aux voyageurs d'aller jusqu'au Djebel Gharian, les derniers contreforts de l'Atlas qui se trouvent à une quarantaine de kilomètres de la côte.

La règle est absolue et ne souffre pas d'exception. Elle n'est pas seulement faite pour les officiers ou les ingénieurs, elle s'applique aux simples touristes et même à des savants absolument inoffensifs.

Au printemps de 1886, un botaniste français, homme âgé, dans une situation très considérable, voulant compléter des études très étendues sur la flore de l'Afrique du nord, vint à Tripoli et fit demander officiellement par le consul de France, l'autorisation d'aller herboriser dans le Djebel Gharian. Cette autorisation lui fut absolument refusée, avec courtoisie dans la forme, mais avec une décision absolue dans le fond.

Quelque temps après, la même réponse fut faite à un autre voyageur. Celui-là informé des refus du pacha et comptant sur ses relations en Turquie répondit : « C'est bon, je reviendrai avec un *boudjourouldou* — passe-port — du sultan, quand je voyagerai à « l'ombre du Padischah » on me laissera peut-être bien passer. »

Le pacha à qui fut transmise cette réponse se contenta de dire, sans plus s'émouvoir : « Ce voyageur se présenterait avec un firman du Sultan lui-même, que s'il persistait à vouloir pénétrer dans l'intérieur, je le ferais ramener fut-ce de force à la ville, quitte à rendre compte de ma conduite à Constantinople. »

On comprend que le pacha qui ne parle point à la légère, a des instructions précises, mais on voit aussi que, pour un Européen qui ne peut pas se faire passer pour un indigène, il n'est pas facile de voyager en Tripolitaine.

Le pacha a sous ses ordres une petite armée, quinze à dix-huit mille hommes à peu près, infan- *L'Armée* terie, cavalerie et artillerie. Ces troupes sont logées dans les forts, pour une faible part. La majeure partie est installée dans un camp à quelque distance de la ville.

Ce sont de beaux hommes et de fiers soldats que ces Turcs. Il est impossible de trouver des gaillards ayant l'air plus martial, plus résolu ; avec cela des hommes calmes, doux, polis, parfaitement disciplinés et respectueux envers leurs chefs. Ils ne brillent pas par une grande richesse de costume, beaucoup ont des trous à leurs culottes et quelques-uns auraient grand besoin d'un uniforme neuf ou même de chaussures, mais leur martini est toujours brillant et soigné, avec sa batterie précieusement enveloppée de cuir et si la baïonnette n'a pas toujours de fourreau, on la voit acérée et luisante, prête à être maniée par des bras vigoureux.

C'est plaisir que de voir ces hommes revenir chaque jour de la manœuvre, ils marchent d'un pas élastique et relevé, portant fièrement la tête et suivant leurs clairons qui sont bien de forme et de fabrique européennes, mais dont ceux qui s'en servent tirent des sons presque sauvages qui font songer à ces terribles trompettes dont on sonnait devant Mahomet II quand il entra à Constantinople sur le cadavre du dernier des empereurs grecs.

Chaque jour, à quatre heures, ces clairons sonnent la marche du sultan, sorte de fantaisie musicale très originale et d'un effet très saisissant.

Les soldats turcs ne sont pas casernés, avons nous dit, dans l'intérieur de la ville. En attendant que les constructions qu'on élève pour eux soient terminées, ils campent dans l'oasis, non loin de la mer. Leur installation est primitive et leur nourriture l'est encore davantage. Les braves gens peuvent chaque jour creuser la valeur de l'apophtegme d'Harpagon disant qu'il faut manger pour vivre et non pas vivre pour manger. Ils prouvent même qu'il n'est pas besoin de manger beaucoup pour pouvoir vivre, car un chien de luxe, en France ou en Angleterre, reculerait certainement devant ce que nous avons vu dans leurs gamelles. On dit que la goutte est la conséquence des excès de table. Si c'est vrai, nous garantissons que c'est une maladie inconnue dans l'armée ottomane.

Quant à la solde, on la paie, dit-on, de temps en temps et par acompte, mais ces jours sont aussi rares dans la carrière d'un soldat turc que le furent les jours heureux durant la vie d'Abd ur Rhaman, le magnanime, khalife de Cordoue, qui, en cherchant bien, n'en put, dit-on, jamais trouver que quatorze pendant toute sa vie.

Les Consulats Tripoli étant une ville dont on a affirmé l'importance au point de vue politique, les principales nations de l'Europe y sont représentées par des agents diplomatiques. La France, l'Angleterre, l'Allemagne, l'Autriche-Hongrie, l'Italie, les Pays-Bas, l'Espagne, la Grèce, la Belgique y ont des consuls. Ce monde diplomatique est bien obligé de se fréquenter, étant donnée la rareté des Européens ; il en résulte naturellement des rapports plus multiples et des relations personnelles plus courtoises que dans une résidence où les limites des relations ne seraient pas aussi bornées. C'est un résultat dont personne ne saurait avoir à se plaindre.

CHAPITRE V

LE COMMERCE ET L'INDUSTRIE

LE COMMERCE ET L'INDUSTRIE. — LES CARAVANES. — LES GENS DE R'HADAMÈS. — L'ORGANISATION DES CARAVANES. — L'HONNÊTETÉ AU DÉSERT — LES PLUMES D'AUTRUCHE. — LES TOUAREG. — LES CHEMINS DE L'INTÉRIEUR. — LE COMMERCE A TRIPOLI. — CONCLUSION.

D'après ce que nous avons dit, on a pu juger que la régence de Tripoli n'avait aucune industrie et, sauf l'alfa qu'on y embarque, ne produit absolument rien, ni dans la ville ni dans les environs.

Toute l'importance commerciale de cette ville n'a donc jamais résidé que dans sa situation d'entrepôt des marchandises destinées à l'intérieur de l'Afrique ou en arrivant par les caravanes.

Le Commerce et l'Industrie

Nous expliquerons plus loin quelle est la situation de Tripoli au point de vue des caravanes, à l'époque où nous écrivons. Commençons par donner quelques renseignements sur la façon dont s'organise une caravane au point de vue commercial.

De Tripoli, les caravanes partent pour trois points principaux, pour le Soudan, pour le Bournou, et pour le Ouadaï. On peut diviser les caravanes en deux catégories, celles qui sont organisées par les Tripolitains où les négociants qui ont des représentants à Tripoli et celles qui sont organisées par les gens de R'hadamès.

<small>Les Gens de R'hadamès</small> R'hadamès est une des villes les plus anciennes de l'Afrique, puisque ses habitants en font remonter l'origine au temps d'Abraham. C'est une ville qui compte, dit-on, environ dix mille habitants, presque tous commerçants et doués d'une aptitude aux affaires, et aux grandes affaires, qui permettrait de supposer qu'ils ont une origine phénicienne. Les gens de R'hadamès ne se contentent pas d'organiser des caravanes, ils ont des comptoirs établis dans tous les centres de l'Afrique centrale à Kano, à Katsena, dans le Soudan, à Tombouctou, à R'hat, à Aïn Salah, à Tripoli, à Tunis et en Algérie. Jusqu'à ces dernières années, presque tout le commerce de l'Afrique avec les

rives de la Méditerranée est resté entre leurs mains. Leur grande honnêteté commerciale et les relations solides nouées par eux avec les chefs des Touâreg leur a, en quelque sorte, constitué un monopole. Actuellement leurs caravanes éprouvent des difficultés à circuler par suite de plusieurs raisons que nous expliquerons plus loin, mais c'est entre leurs mains que se trouve le trafic le plus important du centre du continent africain avec la côte de la Méditerranée.

Nous avons dit que les gens de R'hadamès avaient d'étroites relations avec les Touâreg, les maîtres du désert et sans l'assentiment desquels personne ne peut traverser le Sahara. Ce que dit M. Henri Duveyrier dans son beau travail sur les Touâreg du nord, à cet égard, est absolument exact et nous a été confirmé en Tripolitaine. Voici comment s'exprime le célèbre voyageur :

Que chaque maison de commerce pourvoie au besoin de la famille de son protecteur particulier et prévienne même ses désirs, rien de plus naturel que la réciprocité des services rendus. Mais là ne se bornent point les bons offices des citadins envers les nomades.

Un chef targui (singulier de Touâreg) tombe-t-il dans la misère, la corporation des marchands l'invite à venir habiter la ville, l'entretient et le nourrit. L'un des Touâreg, homme libre ou serf, vient-il en ville pour ses affaires, le repas de l'hospitalité lui est donné pendant toute la durée de son séjour. Des mendiants se permettent-ils d'enfoncer les portes d'une maison qui ne s'ouvre pas assez vite, on s'excuse de n'avoir pas deviné qu'ils étaient Touâreg. Des Touâreg ont-ils quelques démêlés avec l'autorité turque, aussitôt les notables habitants interviennent pour éviter tout conflit en prenant à leur charge la responsabilité et l'autorité s'associe à la prudence des habitants.

Dans ces conditions, où l'on reconnaît l'antique prudence des Phéniciens, il est facile de comprendre que les caravanes des gens de R'hadamès peuvent circuler sans encombre dans le désert.

Une tradition dont il est difficile d'apprécier la valeur réelle, rapporte que R'hadamès a été fondée par des Israélites.

Quoi qu'il en soit, nous ne nous occuperons pas spécialement des caravanes organisées par les gens de R'hadamès, pour lesquels Tripoli n'est qu'une sorte d'emporium pour les marchandises que les bateaux à vapeur y amènent d'Europe, qu'ils vont y chercher, apportent dans leur ville et de là, transportent dans l'intérieur soit par Aïn Salah, soit par R'hat.

L'Organisation d'une Caravane

A Tripoli les caravanes s'organisent de plusieurs façons.

Les unes sont montées par des Arabes ayant une certaine aisance mais ne possédant pas les capitaux nécessaires pour acheter les marchandises en quantité suffisante pour une caravane. Ils achètent à crédit et donnent hypothèque sur leurs propriétés.

D'autres sont organisées par des négociants tripolitains. Ils fournissent les marchandises et s'adressent pour les conduire à bon port à des caravaniers de profession. Les bénéfices sont partagés par moitié entre les propriétaires des marchandises et les caravaniers.

L'Honnêteté au Désert

Dans l'un, comme dans l'autre cas, la caractéristique de ce commerce aventureux est la parfaite bonne foi qui règle de part et d'autre, la conduite des deux parties contractantes. Il n'y a presque jamais de difficultés et s'il s'en présente, elles viennent presque toujours d'un malentendu ou du fait d'un accident qui ne s'était jamais présenté. Ces différents sont presque toujours réglés par des arbitres et ne donnent lieu à aucun procès.

Les rapports des caravanes entre elles sont marquées au même cachet d'honnêteté et de franchise. Jamais une caravane ne songerait à s'approprier les marchandises qu'une autre caravane a été obligée d'abandonner en plein désert, par suite d'accidents. Dans de certains endroits, les caravanes ont coutume d'abandonner, à ciel ouvert, une partie des provisions qui doivent leur servir pour le retour ; il n'y a pas à craindre que d'autres voyageurs songent à s'en emparer.

Sur le chemin d'El-Ouat à R'hadamès, M. Henri Duveyrier a trouvé ainsi des marchandises confiées à la garde de Dieu. Tous les voyageurs qui sont allés au Soudan ont constaté le même fait et les caravaniers vous le racontent, comme la chose la plus naturelle du monde.

Les Echanges — Les caravanes qui se dirigent de Tripoli vers l'intérieur de l'Afrique, n'emportent que des objets destinés au commerce de la troque, c'est-à-dire des échanges. L'argent monnayé est peu connu dans l'intérieur, les affaires ne s'y font qu'en donnant des marchandises et en en recevant d'autres en paiement. De cette façon, un négociant intelligent peut faire de doubles bénéfices, c'est pourquoi le commerce avec le Soudan a toujours été si productif que les gains qu'on y réalise font surmonter aux caravaniers des dangers et des fatigues auxquels on a peine à comprendre qu'un homme puisse résister.

Les caravanes font arriver à Tripoli tous les produits manufacturés et naturels d'Europe qui peuvent se vendre au Soudan tels que : tissus, quincaillerie, verroterie, armes de guerre, certaines denrées coloniales, du fer brut et ouvragé, du sel, des dattes.

Elles y rapportent de la poudre d'or, des plumes d'autruche, de la civette, des dents d'éléphant et d'hippopotame, de la cire, de la gomme, du séné, du tamarin, des peaux, des cornes de bœuf ou de gazelle et des objets usuels des indigènes qui constituent depuis quelques années un commerce assez important par suite de l'accroissement du nombre des collectionneurs.

Ces objets, principalement ceux destinés à l'importation, peuvent se diviser en deux grandes catégories, ceux qui sont encombrants et ceux qui ne le sont pas. Les premiers ne sont acceptés par une caravane que quand ils ont une certaine valeur intrinsèque ou que la partie du Soudan à laquelle ils sont destinés ne peut les recevoir que par le désert. Les seconds ont au contraire de grandes facilités pour être transportés.

Ce commerce des caravanes qui fut un moment fort important est aujourd'hui réduit à bien peu de choses. Ce changement a deux motifs, l'avilissement du prix des plumes d'autruche et les

Les Plumes d'Autruche

obstacles que les Touâreg apportent depuis quelques années à la circulation des caravanes.

L'avilissement du prix des plumes d'autruche a été une véritable ruine pour Tripoli. Jusqu'à ces dernières années, les plumes, d'une valeur considérable et d'un transport facile, en raison de leur légèreté, formaient le principal article d'exportation du Soudan. On ne trouvait de vraiment belles plumes que dans l'intérieur de l'Afrique, et c'était de là qu'on les tirait à peu près toutes. Il en venait bien quelques-unes du Cap de Bonne-Espérance, mais c'était une quantité sans importance.

On sait que depuis quelques années les colons anglais du Cap ont entrepris la domestication de l'autruche sur une grande échelle. Ils ont capturé d'abord quelques paires de ces animaux et les ont enfermés dans d'immenses basses-cours où ils ont cherché à les habituer, en leur donnant la nourriture qu'ils préféraient. Dès que les autruches qui résistèrent à ce changement d'existence firent des œufs, on s'empressa d'organiser des couveuses artificielles pour les faire éclore ; on soigna les petites autruches et, avec de la patience, on arriva à un résultat merveilleux. Il y a vingt ans, le Cap envoyait sur les marchés de Londres et de Paris quatre ou cinq caisses de plumes, maintenant il en part chaque année plus d'un millier.

Cette idée de domestication des autruches avait été lancée, si nous ne nous trompons, par des Français. En 1858, M. Chagot aîné, négociant, membre de la commission des valeurs, avait offert un prix de 2,000 francs qui devait être décerné par la Société impériale zoologique d'acclimatation pour l'auteur du meilleur procédé pour la domestication de l'autruche soit en France, soit en Algérie, soit au Sénégal.

Cette éducation est d'ailleurs actuellement organisée en Algérie, et à Biskra, on cite un lyonnais, ancien officier, M. Crépet, qui a fait des essais de ce genre qui ont parfaitement réussi.

Les gens exercés peuvent distinguer une plume d'autruche sauvage d'une plume d'autruche domestique, et, dans le commerce, les premières ont une valeur supérieure aux secondes; mais les plumes une fois teintes et préparées, sont presque absolument semblables, et on comprend que la production illimitée et sans peine n'a pas eu de difficultés à détruire la concurrence de la recherche par la chasse, avec des frais de transport relativement considérables.

Depuis que la domestication de l'autruche est entrée dans la pratique, la valeur des plumes a baissé avec une rapidité formidable. Une belle plume sauvage qui en 1870, par exemple, se vendait 75 francs pièce à Tripoli, peut s'acheter aujourd'hui pour 5 francs. Dans ces conditions, ce n'est plus la peine de traverser le désert pour aller chercher ce produit, et le résultat de cette innovation industrielle a été de ruiner aux trois quarts la ville de Tripoli.

Les Touâreg   D'un autre côté, les caravanes éprouvent aujourd'hui beaucoup de difficultés à opérer leurs voyages. Les Touâreg sont en guerre avec les Turcs et ils ne consentent plus qu'avec beaucoup de difficultés à laisser passer les convois. Or, les Touâreg sont les maîtres incontestés et incontestables du Sahara depuis R'hat et R'hadamès en Tripolitaine, Ouargla et Aïn Salah au sud de l'Algérie, jusqu'au Niger et au Ouadaï. Vouloir passer sans leur consentement est une chose absolument impossible. Ils ont pour eux non seulement leur nombre, leur courage, leur énergie, leur facilité à parcourir le désert, mais en occupant en force les aiguades où les caravanes sont obligées de s'arrêter, ils détruiraient sans coup férir toutes celles qui voudraient passer sans leur autorisation. Il faut espérer que cette guerre des Touâreg et des Turcs n'aura qu'une durée limitée sans cela le commerce de Tripoli ne pourrait guère se relever.

On peut craindre cependant que l'espérance que nous manifestons ne se réalise pas. Cette guerre entre les Turcs et les Touâreg, entreprise pour un motif presque futile, pourrait bien avoir été suscitée par les organisateurs des grands mouvements africains, par les Snoussya.

Il est à remarquer en effet que les Snoussya paraissent s'être donnés pour but de fermer le plus possible l'Afrique aux Européens. C'est surtout les routes du nord qu'ils se sont appliqués à intercepter ces dernières années et on peut dire qu'ils ont bien mené leur besogne. La route du Nil est fermée à partir de Ouadi-Halfa ; les routes partant de Benghasy sont absolument entre les mains des Snoussya ; ils sont en train de fermer les trois routes qui mènent de la Tripolitaine dans l'intérieur, et on sait que les caravanes n'arrivent plus guère en Algérie. Il y a là un ensemble de conséquences qui semblent indiquer l'existence d'un plan arrêté. Si d'autre part on rapproche les faits que nous venons de citer du sort des explorateurs qui ont tenté de pénétrer dans le Soudan par l'Afrique du nord, pendant ces dernières années ; si l'on se rappelle l'assassinat de la mission Flatters et celui des Pères Blancs tués non loin de R'hadamès, on se rendra compte qu'il y a comme une barrière posée entre les Européens et le centre du continent mystérieux.

Une nouvelle preuve vient à l'appui de notre sentiment; on sait que l'attitude du sultan de Zanzibar vis-à-vis des Européens s'est étrangement modifiée depuis quelque temps et que ce souverain musulman, tout en se confondant en protestations amicales, fait tout son possible pour entraver les explorations. D'autre part, des Arabes, venus on ne sait d'où, ont attaqué en octobre 1886 la station de Stanley-Pool, dans le nouvel état du Congo, ont détruit les bâtiments et tué le commandant européen. Il y a dans toutes ces coïncidences, des enseignements qu'il ne faut pas négliger : l'Islam tient à conserver l'Afrique, il compte sur les noirs et les Touâreg pour rejeter les chrétiens à la mer quelque jour. Y réussira-t-il, c'est le secret de Dieu, mais on peut être certain qu'il tentera l'aventure et que la lutte sera à la hauteur des plus terribles, parmi celles que l'histoire a enregistrées.

Le Commerce à Tripoli

On comprend que, dans les conditions que nous venons d'exposer, le commerce de Tripoli soit tombé dans un état déplorable. Du moment que les caravanes ne marchent plus, rien ne saurait marcher.

La consommation d'une ville habitée par des Arabes pauvres ne donnera jamais lieu à un mouvement d'affaires important. Les quelques

Européens qui habitent Tripoli ne sont guère plus riches que les Arabes, aussi ne consomment-ils que les produits de la qualité la plus inférieure. Sous ce rapport certains négociants sont arrivés à des limites de bon marché qui dépassent l'imagination. Nous avons vu débarquer à Tripoli, des cognacs (!) de France qui étaient envoyés au prix de sept francs la caisse de douze bouteilles, avec emballage, bouchons à capsule et étiquettes dorées, rendue franco à Tripoli. On aurait à peine de l'acide sulfurique à ce prix. La majeure partie des marchandises importées d'Europe, rentre comme valeur, dans la catégorie des cognacs dont nous venons de parler.

Naturellement les marchands d'objets de ce genre ne font que des affaires restreintes, gagnent à peine leur vie et n'offrent au point de vue commercial qu'une solidité douteuse. Si avec cela, on veut bien se reporter à ce que nous avons dit des procédés employés par les juifs pour se procurer l'argent nécessaire à leurs opérations de banque, on comprendra que la place de Tripoli n'offre qu'une sécurité trop aléatoire pour que les affaires puissent y être entreprises sur un grand ou même sur un petit pied.

A propos du commerce de Tripoli on a beaucoup parlé de la poudre d'or exportée du Soudan et on a supposé que la quantité qui venait en

Europe indiquait la présence dans l'intérieur de gîtes aurifères abondants et assez bien exploités.

Que ces gîtes aurifères existent, nous n'en saurions douter. D'abord il est acquis que les Romains exploitaient des placers vers les sources du Sénégal, ensuite les témoignages des indigènes ne permettent pas de discuter l'existence du précieux métal. Mais l'exportation en est relativement beaucoup moins considérable qu'on ne l'a dit. En 1851, à une époque où Tripoli était encore un des principaux centres où convergeaient les caravanes de l'intérieur, il n'y est arrivé que cent quatorze kilogrammes d'or, c'est-à-dire moins de quatre cent mille francs. Il y a loin de ce chiffre officiel à ceux qui ont été énoncés par les enthousiastes de cabinet.

Conclusion

Pour nous résumer, nous dirons que Tripoli n'a jamais été et ne pourra jamais être qu'un entrepôt pour les marchandises venant du Soudan ou y allant par les caravanes ;

Que le mouvement des caravanes a diminué considérablement depuis que les plumes d'autruches ont perdu leur valeur; que les routes de la Méditerranée au Soudan deviennent de plus en plus difficiles et que les produits du Soudan ont repris la route de la mer Rouge, Khartoum étant retombé au pouvoir des Musulmans ;

Que dans ces conditions, Tripoli et la Tripolitaine ne sont ni un pays de production, ni un pays de consommation, ni une tête de ligne dont on puisse se servir actuellement pour pénétrer dans l'intérieur de l'Afrique, et que ce que la France a de mieux à faire c'est de les laisser aux Turcs.

LES ROUTES DU SOUDAN

LES
ROUTES DU SOUDAN

LE COMMERCE DANS LE SOUDAN. — LES ROUTES DES ANCIENS. — LES ROUTES D'AUJOURD'HUI. — LES CARAVANES. — LES CHAMEAUX. — LES CARAVANIERS.

La partie de l'Afrique qui se nomme aujourd'hui Tripolitaine, a toujours été l'un des points par lesquels les Européens ont cherché à pénétrer dans l'intérieur du continent. Les Phéniciens eurent de bonne heure des comptoirs à l'embouchure des fleuves qui descendaient à cette époque des montagnes de l'Atlas et se jetaient dans la Méditerranée. Hardis explorateurs autant qu'habiles négociants, ils nouèrent promptement des relations avec les indigènes de l'intérieur et on ne peut pas douter qu'ils n'aient pénétré très

Le Commerce dans le Soudan

avant, allant chercher au loin les peaux, les plumes, les produits du sol et la poudre d'or qui abondait sur plusieurs points de ce que les anciens appelaient la Lybie.

Hérodote donne même à ce sujet des renseignements sur la façon dont se pratiquaient les échanges à cette époque reculée.

Les Carthaginois disent qu'il y a en Lybie, au-delà des colonnes d'Hercule, des hommes avec lesquels ils trafiquent ; ils débarquent leurs cargaisons, les rangent sur la plage, remontent sur leur navire et font une grande fumée. Les habitants, à l'aspect de la fumée, se rendent auprès de la mer et pour prix des marchandises, déposent de l'or, puis ils se retirent au loin. Les Carthaginois reviennent, examinent, et si l'or leur semble l'équivalent de leurs marchandises ils l'emportent et s'en vont. S'il n'y en a pas assez, ils retournent à leur navire et restent en place. Les naturels approchent et ajoutent de l'or jusqu'à ce qu'ils les aient satisfaits ; jamais de part et d'autre, ils ne commettent d'injustice, les uns ne touchent pas l'or avant qu'il n'égale la valeur des marchandises, les uns ne touchent pas à la cargaison avant qu'on ait enlevé l'or. (*Melpomène* CXVI).

Il faut croire que les Carthaginois faisaient le commerce avec plus de franchise que la politique. Ils étaient d'ailleurs assez intelligents pour savoir que la probité est le meilleur facteur des relations commerciales.

Les habitants du Soudan n'avaient pas dégénéré il y a encore quelques années. Avant que les aventuriers cosmopolites eussent pénétré dans le Soudan avec Mehemet Ali, y apportant la mort, le pillage et la tyrannie, les noirs étaient certainement aussi honnêtes que leurs ancêtres qui commerçaient avec les Carthaginois. Citons à ce propos un fait rapporté par d'Escayrac de Lauture dans son ouvrage sur le Soudan qui fut publié en 1851.

Un négociant européen remontait il y a quelques années le fleuve Blanc, il s'arrêtait à chacun des petits villages qui le bordent, avançait aux habitants quelques verroteries, à la condition par eux de lui remettre en échange, lorsqu'il redescendrait le fleuve, une quantité déterminée de dents d'éléphants. Passant à son retour devant un de ces villages où il avait laissé le plus de marchandises, il fut étonné de le trouver désert; il se crut d'abord victime d'une spoliation et descendit à terre dans l'intention de brûler les huttes; il s'aperçut bientôt qu'elles avaient été récemment livrées au pillage et qu'un grand nombre d'entre elles avaient été renversées. Convaincu dès lors que c'était aux ennemis du village qu'était due la perte qu'il éprouvait et n'apercevant personne dont il put obtenir quelques renseignements, il allait regagner sa barque lorsque des cris plaintifs attirèrent son attention. Un homme blessé gisait dans l'une des huttes restées debout ; il avait reconnu le négociant et l'appelait. « Notre village vient d'être pillé, lui dit-il, nous avions déjà recueilli tout l'ivoire qui te revient et nous sommes parvenus à le cacher si bien que nos ennemis n'ont pu le découvrir, toute la population que tu voyais ici il y a quelques mois a été contrainte à prendre la fuite. En partant elle m'a confié la mission de t'attendre afin de te montrer le lieu ou est déposé l'ivoire. Je n'avais qu'une seule crainte c'était de succomber à ma blessure avant ton arrivée, mais puisque te voilà, je vais t'indiquer la cachette. »

Le négociant fouilla au lieu indiqué par ce brave homme et y trouva en effet tout ce qu'il pouvait attendre.

Les rapports des noirs avec les représentants des civilisations supérieures ne les ont malheureusement pas maintenus dans ces traditions d'honnêteté dont nous venons de citer deux traits à deux mille trois cents ans de distance.

Les Routes des anciens Les routes des Carthaginois dans l'intérieur nous sont inconnues; nous savons, par l'historien que nous venons de citer, que les Grecs cherchèrent de leur côté à fonder quelques colonies sur les rivages de l'Afrique. Ces colonies furent surtout installées en Cyrénaïque, mais dans ce travail nous voulons seulement nous restreindre à l'étude des routes qui de Tripoli vont au Soudan.

Après les Carthaginois et les Grecs, les Romains pénétrèrent aussi dans l'intérieur par des routes partant du littoral lybique. On peut encore retrouver aujourd'hui des traces de leur passage.

Ce peuple merveilleusement organisé, exécutait ses entreprises avec une telle méthode, sur des bases si précises, allait avec tant de prudence, que partout où il a passé, il a laissé sa marque et nous mêmes aujourd'hui, si fiers de notre civilisation et de son outillage scientifique, nous en sommes à nous demander comment nous pourrions arriver à faire aussi bien qu'eux.

Les Romains avaient plusieurs établissements importants en Tripolitaine. La ville principale était Leptis major dont on trouve encore les ruines à quelque distance à l'est de Tripoli, où elles portent le nom de Lebda. C'est de Leptis que partaient les deux routes qui conduisaient de la Méditerranée dans l'intérieur.

De ces deux routes, l'une se dirigeait, croit-on, sur R'hadamès, Aïn-Salah, et les mines d'or du haut Sénégal ; l'autre menait au pays des Garamantes, qui doit être celui occupé aujourd'hui par les Tebbous, et de là, conduit vers le Ouadaï d'un côté, et vers le lac Tchad de l'autre. Ces routes sont, à peu de chose près, celles que suivent aujourd'hui les caravanes. Les différences qui existent entre les tracés, proviennent des modifications que les dévastations des hommes ont apportées au climat de ce pays. Là où existaient autrefois des montagnes boisées, des plaines arrosées et fertiles, on ne trouve plus aujourd'hui que des rochers décharnés et des déserts de sable. L'homme n'a pas de pire ennemi que l'homme.

Les Garamantes étaient un peuple paisible. Hérodote dit d'eux, qu'ils n'avaient aucune arme de guerre et étaient inhabiles dans l'art de se défendre. Ceux que nous supposons être leurs descendants, les Tebbous, sont également moins belliqueux que les populations qui les entourent. Les Garamantes se mirent sous la domination des Romains et ces derniers, fidèles à leurs traditions politiques prirent immédiatement la défense de leurs protégés en allant attaquer leurs voisins. L'histoire nous a conservé le souvenir de deux expéditions romaines qui furent envoyées dans l'intérieur de l'Afrique, pour lutter contre les ennemis des Garamantes et surtout pour faciliter l'œuvre des commerçants romains qui établissaient leurs comptoirs, partout où passaient les légions.

Ces deux expéditions, qui eurent lieu à l'époque des Antonins, ne donnèrent pas tous les résultats qu'on en attendait. La première commandée par Septimus Flaccus partit de Garama, la capitale des Garamantes qui devait se trouver au milieu du pays des Tebbous et marcha au sud pendant trois mois. La seconde dirigée par J. Maternus, alla plus loin encore. Elle remporta des victoires, écrasa les ennemis des Garamantes, mais quand elle fut revenue, ceux-ci reprirent l'offensive et le chemin du sud ne put être ouvert aux marchands d'Alexandrie ou de Leptis. Ces expéditions n'ont pas laissé de traces appréciables et on ne connaît aucune relation qui s'y rapporte.

Actuellement les caravanes qui se dirigent de Tripoli vers l'intérieur de l'Afrique sont de deux sortes : {Les Routes d'aujourd'hui}

Celles qui vont de Tripoli à R'hadamès ;

Celles qui vont de Tripoli au Bournou, au Oudaï et au Soudan.

Les caravanes organisées par les gens de R'hadamès peuvent également se diviser en deux fractions différentes, celles qui de R'hadamès vont à Aïn-Salah et dans le Sahara de l'ouest et celles qui retournent de R'hadamès dans l'intérieur en suivant la route de R'hadamès à R'hat, où elles reprennent le tracé des autres caravanes.

Les premières ne sont pas comprises dans les études de ce volume; les secondes suivent une route qui a déjà été décrite, de R'hadamès à R'hat par plusieurs voyageurs, MM. de Bonnemain, Henri Duveyrier et Ismaïl bou Daba. Nous ne nous en occuperons donc que pour la partie de leur itinéraire comprise entre R'hat et le Bournou, le Ouadaï ou le Soudan.

Les Caravanes. L'organisation d'une caravane est une chose assez compliquée. Le premier soin est de réunir les capitaux nécessaires et de trouver les hommes auxquels sera confiée la direction de l'entreprise. Il faut ensuite se renseigner sur la nature des marchandises qui seront emportées, en faire l'acquisition, régulariser les contrats entre les marchands et les caravaniers; tout cela avant de s'occuper des détails de mise en train proprement dits, à savoir le choix des hommes, l'achat des chameaux, l'équipement et l'approvisionnement de tout le personnel.

Nous avons dit comment s'organisaient les caravanes, au point de vue commercial. Tantôt ce sont les marchands eux-mêmes qui accompagnent leurs pacotilles; tantôt ce sont des caravaniers de profession qui prennent les marchandises à un prix déterminé et les emportent, laissant une garantie hypothécaire à ceux qui ont fait les avances nécessaires pour les achats ; tantôt enfin, marchands et caravaniers s'associent, selon les circonstances ; les uns fournissent les marchandises, les autres se chargent de les mener à destination et de rapporter d'autres objets en échange. Les bénéfices de l'opération sont partagés au retour, d'après les stipulations convenues.

Une fois les accords faits, les caravaniers s'organisent au point de vue matériel et louent ou achètent les chameaux sur lesquels seront chargées les marchandises et les provisions.

Le chameau est, encore aujourd'hui, l'animal sans lequel il serait impossible de traverser l'espace qui s'étend de la Méditerranée au Soudan. Le chameau d'Afrique appartient aux nombreuses familles du *Camelus dromedarius*, chameau à une bosse, et on compte autant de variétés particulières de ces animaux, que nous connaissons de variétés de chevaux en Europe. Il existe des chameaux de selle et des chameaux de bât, les premiers sont rapides et possèdent un trot souvent aussi doux que celui de la mule, les autres sont robustes et s'avancent lentement en balançant leurs larges épaules.

Les chameaux de selle eux-mêmes diffèrent beaucoup entre eux selon leur origine et leur entraînement. Les *hedjin* des Touàreg qu'on

Les Chameaux

appelle des *mehara-hedjin* sont des bêtes d'un fond incomparable. Ils vont beaucoup plus vite qu'aucun cheval et peuvent parcourir d'une traite d'énormes distances. Dans leurs expéditions, les Touâreg ne craignent pas de faire trotter leurs chameaux pendant six ou sept journées de suite, et ces admirables bêtes ne se ressentent pas trop de ces courses furieuses.

Dans le pays des Tebbous et des Bychara, on trouve des chameaux d'une grande élégance de forme, au poil ras, à la couleur très claire, aux oreilles droites, au front large, à la physionomie plus intelligente que celle de leurs congénères. Ces animaux sont fort recherchés des caravaniers.

Le chameau de selle est d'ailleurs moins bête qu'il n'en a l'air. Quand il est traité avec douceur, c'est un animal plein d'obéissance, qui connaît parfaitement son cavalier et lui témoigne de la reconnaissance. En revanche, il sait parfaitement distinguer ceux qui le maltraitent et leur garde rancune ; il cherche à se venger et y arrive presque toujours ; saisissant celui qu'il considère comme son ennemi, à l'instant où il ne se trouve pas sur ses gardes, le prenant par ses vêtements avec les dents pour le jeter à terre et l'écraser à coups de pieds.

Le chameau de selle se conduit au moyen d'une sorte de licol, en corde ou en cuir, dont une extrémité passe autour de son cou et lui embrasse la partie supérieure du museau ; l'autre extrémité se termine par un anneau de fer, de cuivre ou même d'argent, que l'on passe en le bridant dans une de ses narines et que souvent on y laisse à demeure.

Le chameau se monte avec une selle. Les unes ressemblent à celles dont on se sert pour les chevaux et sont munies d'étriers ; d'autres sont placées sur la partie antérieure de la bosse s'il n'y en a qu'une ou de la première bosse si l'animal en a deux, et il est possible au cavalier de croiser ses jambes en avant du pommeau et de les appuyer sur le cou de l'animal qu'on peut ainsi diriger avec les talons.

Dans le Soudan, on se sert généralement de selles se plaçant au sommet de la bosse, en ayant soin de n'en pas toucher le haut. Les selles sont solidement assujetties par une sangle et des courroies qui les fixent en avant et en arrière.

Les Arabes font généralement agenouiller leurs chameaux pour les monter, ils montent cependant sans même les arrêter quand l'animal est en marche. Pour cela ils tirent la bride et font pencher la tête en avant jusqu'à ce qu'elle touche presque la terre, puis, posant le pied gauche sur le cou et saisissant le pommeau de la main droite, ils se mettent en selle avec une agilité surprenante.

La charge du chameau de bât peut aller jusqu'à 250 kilogrammes, mais c'est là un poids extrême qu'on ne cherche pas à atteindre quand il s'agit des animaux des caravanes. En général on fait porter 200 kilogrammes aux plus fortes et 150 aux bêtes ordinaires. On a toujours soin d'emmener plus de chameaux qu'il n'est nécessaire pour relayer les fatigués, soulager les blessés et remplacer les morts.

Dans ces conditions, un chameau chargé fait en moyenne trois kilomètres à l'heure. Vers la fin du voyage, alors qu'il est épuisé par les fatigues et les privations, il n'arrive même pas à ce chiffre.

Le chameau supporte assez facilement la faim et la soif, mais cette sobriété est chez lui moins naturelle qu'acquise. Les hedjin, destinés à marcher avec les caravanes, sont soumis à un entraînement particulier. Quelque temps avant le départ, on les purge et on ne leur donne pendant plusieurs jours que des aliments verts, le soir seulement, on ajoute du grain concassé, humecté d'eau et avec un peu de sel. En même temps, on les laisse trois ou quatre jours sans boire ; on ne leur donne à boire qu'au moment du départ. Ainsi préparés, ils peuvent rester trois ou quatre jours sans trouver de l'eau.

En ce qui concerne la privation de nourriture il faut en rabattre un peu des exagérations des voyageurs. La providence prévoyante a doté le chameau d'une réserve sur laquelle il vit durant ses jours de jeûne. Cette réserve c'est sa bosse, monticule de graisse aux dépens duquel le chameau se nourrit pendant les mauvais jours. Il est facile de se rendre compte de l'exactitude de cette observation en voyant un chameau arrivant d'un voyage long et pénible.

Sa bosse n'existe pour ainsi dire plus et c'est à la diminution de cet appendice qu'on reconnaît que l'animal est plus ou moins à bout de résistance à la fatigue.

Les caravaniers sont des hommes d'une énergie exceptionnelle et trempés à toute épreuve, par l'habitude des dangers auxquels ils sont journellement exposés. Il faut en effet un courage au-dessus de toutes défaillances pour entreprendre ces voyages de près d'un an, durant lesquels, soumis à toutes les intempéries des saisons, à tous les dangers du désert, ils devront veiller en outre nuit et jour sur leur convoi, surveiller sans cesse l'horizon pour y chercher la présence du Targui invisible, terreur des voyageurs et duquel il ne faut attendre ni pitié ni merci, étudier sur le sable la trace de ceux qui

Les Caravaniers

ont passé, y recueillir les indices de leur nature, de leurs intentions, passer les jours sans presque manger ni boire, exposés à un soleil qui fait parfois monter le thermomètre à 70 degrés, supporter les nuits glaciales dans les montagnes arides, sans dormir et marchant toujours, quand il faut passer les endroits dangereux et sans eau.

Il leur faut non-seulement une vigueur physique qui ne se laisse arrêter par aucun obstacle, mais aussi une force morale suffisante pour pouvoir résister à cette solitude absolue, à cette impression de tristesse qui se développe si facilement dans l'isolement, aux sentiments d'impatience et d'aigreur qui vous envahissent si rapidement quand on vit peu nombreux, réunis dans une promiscuité permanente et sous l'influence de souffrances quotidiennes. Il leur faut en outre, une rapidité de décision qui trouve presque chaque jour à s'exercer, une patience sans bornes pour leurs animaux et leurs serviteurs difficiles à conduire et à manier, une diplomatie à pratiquer soit avec les chefs des *ghaswa* qu'ils rencontrent, soit vis-à-vis de leurs guides qui les rançonnent, soit vis-à-vis des souverains nègres sur le territoire desquels ils s'aventurent. Un bon caravanier, comme un bon soldat, un bon marin, un bon explorateur, est un homme qui doit être presque complet pour pouvoir mener à bien sa périlleuse aventure.

Aujourd'hui les caravaniers ne s'aventurent dans le désert que munis des armes les plus perfectionnées que fabriquent les Européens. Ils sont généralement porteurs de carabines Winchester à répétition, des modèles les plus récents et de bons revolvers. Montés sur leurs *mehara hedjin*, ils vont sans cesse d'une extrémité à l'autre de leurs longues files de chameaux, surveillant leurs bêtes de sommes, gourmandant les trainards, calmant les impatients, répartissant les charges des animaux, interrogeant sans cesse l'espace pour y découvrir le danger, étudiant le ciel pour prévoir l'orage ou le terrible khamsin qui soulève les dunes de sable et arrête la marche des convois. C'est la plus pénible des professions, mais aussi, semble-t-il une des plus attrayante, car tous ceux qui la pratiquent en sont fiers et leur plus grande joie, après avoir couru les aventures, est de les raconter au retour, tout en rêvant à celles qu'ils pourront rencontrer dans leur prochaine expédition.

Chaque caravane reconnaît généralement un chef désigné, soit par les propriétaires des cargaisons, soit par le consentement des autres caravaniers. L'autorité de ce chef est, il faut le dire, assez précaire. Il arrive souvent que ses décisions ne sont pas acceptées par la majorité de ses compagnons, et il est contraint alors de s'incliner devant la volonté des autres. Le guide est généralement payé par une cotisation commune, il ne doit dès lors pas plus d'obéissance à l'un de ses maîtres qu'à l'autre, à moins qu'il ne reconnaisse chez l'un d'eux une supériorité évidente. Quant aux contestations qui peuvent s'élever entre caravaniers, le chef de la caravane n'y intervient qu'officieusement et il réussit rarement à apaiser les querelles.

Il arrive souvent en effet, que des conflits s'élèvent entre gens condamnés à vivre ensemble durant de longs mois et dont le caractère et les idées ne sympathisent pas toujours. La monotomie de la route et l'ennui portent les voyageurs à s'occuper les uns des autres, à attacher une influence extrême aux choses les plus futiles. Il en résulte des dissidences que l'irritation produite par les privations et les fatigues du voyage ne tarde pas à faire dégénérer en querelles violentes ou en haines profondes. On se réconcilie parfois en arrivant; tout le monde est joyeux, n'ayant plus à craindre ni périls ni fatigues. On se pardonne les torts réciproques, et les occupations du négoce aidant, les rancunes et les rivalités sont vite oubliées.

Quand une caravane ne possède pas un chef reconnu et accepté, il en résulte de graves inconvénients et même des dangers. Du moment que personne ne veut obéir, les précautions les plus élémentaires de la prudence sont souvent oubliées.

Il n'y a pas de sentinelles la nuit, parce que personne ne veut se charger de la besogne ; il n'y a point d'éclaireur, personne ne voulant servir les autres. En outre quand on arrive à un endroit où se trouve de l'eau, il n'y a aucun ordre ; les premiers arrivés se servent, troublent l'eau et ceux qui sont restés en arrière ne trouvent plus que de la boue.

C'est surtout dans les passages dangereux, quand la caravane passe dans des quartiers où elle a la chance de rencontrer des ghaswa de Touâreg ou même de Tebbous, que la nécessité d'une direction unique se fait sentir. Si les caravaniers ne se réunissent pas sous un seul commandement, l'avantage qui résulte pour eux de la possession d'armes perfectionnées est réduit à bien peu de chose. Les trois quarts des caravanes pillées, l'ont été par suite de la défectuosité de leur organisation. Quand une quarantaine de caravaniers sont placés sous la direction d'un homme brave et intelligent, le voyage offre beaucoup moins de dangers. Les pillards du désert ne se battent guère en effet pour le plaisir de faire la guerre. Ils attaquent pour faire du butin et, s'ils trouvent une vigoureuse résistance, ils n'éprouvent aucune honte à tourner bride et à se retirer. Du moment que le profit qu'ils espèrent retirer de leur expédition leur paraît hors de proportion avec les risques à courir, ils n'hésitent pas un instant à rentrer chez eux.

Les caravanes ne voyagent guère que pendant le jour, sauf dans de rares endroits dont nous parlerons en suivant leurs itinéraires. Les chameliers n'aiment pas voyager la nuit et d'ailleurs si un chameau tombe et que sa charge s'éparpille sur le sable, il est difficile de pouvoir ramasser dans l'obscurité les objets qui la composent. Une fois parti le matin, on marche sans s'arrêter jusqu'à la halte pour ne pas avoir à charger et à décharger les chameaux. Quant aux provisions, on emporte ce que l'on veut ; chacun suit pour cela ses goûts particuliers et surtout ses moyens financiers. Tant que la caravane marche dans le désert, elle est obligée de se contenter des grains et des dattes qu'elle a emportés de Tripoli. Les dattes servent aussi bien à la nourriture des animaux qu'à celle des hommes. Quand elle arrive aux limites du Soudan, elle trouve quelque gibier et les villages devenant d'ailleurs plus nombreux, permettent d'acheter des provisions ou plutôt d'échanger quelques menues marchandises contre du bétail, des poules ou du dokhn, la base de la nourriture dans le Soudan, sorte de maïs dont chaque épi de 6 à 7 pieds de hauteur porte un bouquet de grains allongés et jaunâtres. Ces grains broyés servent à faire une sorte de pâte l'*asida*, une bouillie, la *belilah* et une sorte de bière, la *mérissa*, que l'on obtient en faisant bouillir les grains pendant une nuit et en laissant fermenter la liqueur. En Egypte on appelle également *mérissa*, une boisson fabriquée avec de l'orge.

Nous avons donné les renseignements généraux sur l'organisation et la composition des caravanes qui partent de Tripoli pour se rendre dans l'intérieur de l'Afrique. Nous allons maintenant donner les itinéraires qu'elles suivent, tels que ces itinéraires nous ont été dictés par les caravaniers et contrôlés par divers témoignages. Ces récits, naïfs comme ceux qu'on faisait jadis à Hérodote quand il se renseignait sur les peuples chez lesquels il ne pouvait pas pénétrer, ont une saveur originale et peuvent d'ailleurs être acceptés comme l'expression de la vérité.

LA ROUTE DU BOURNOU

De Tripoli, la caravane qui se rend au Bournou et qui perd naturellement beaucoup de temps le jour de son départ, ne fait au début que des étapes assez peu fortes. Le premier jour par exemple, elle ne marche qu'une demi-journée pour aller camper à *Soani-ben-Yadhem*. Elle y séjourne en outre, au moins une autre demi-journée pour attendre les retardataires. De là, elle va à *Ghétis*, où il y a des puits ; cette seconde étape est de 18 heures. Nous donnerons ensuite les noms des étapes en les faisant suivre des observations des caravaniers.

Rhirian dans le Djebel Gharian. — Il y a des habitations et des puits.

Touel el Rhémir. — Il n'y a pas de puits.

Tecchah. — Puits.

Ras el Tennyeh. — La caravane passe dans des montagnes ; il n'y a pas d'eau à l'endroit où elle s'arrête ; il faut faire trois heures de chemin pour en aller chercher. En raison de cette circonstance, l'étape n'est que de neuf heures de marche.

Souf el Jeïnn. — La caravane traverse un oued assez important qu'on appelle Aïn el Mozzagh. Il y a également des sources. En quittant la halte, on s'engage dans le désert, on y trouve encore un oued qui n'a pas de nom et auprès duquel on passe une nuit.

Zem-Zem. — On sait que ce nom qui est celui de la célèbre fontaine qui coule à la Mecque, au pied de la sainte Kaaba, est donné par les Arabes à toute fontaine pour laquelle ils éprouvent une certaine vénération ou plus simplement même, s'il y a de la bonne eau. Une bouteille à eau qui se suspend au pommeau de la selle d'un chameau, s'appelle une *Zemzemich*. Il y a un oued et la caravane fait là une halte de deux jours.

Tejmel — puits. Il faut 24 heures de marche pour atteindre cette halte.

Om meh'ir, — halte dans le désert. En la quittant la caravane marche pendant 24 heures.

Om el Kelb. — Il y a trois ou quatre puits avec de l'eau passable. La caravane séjourne trois ou quatre jours en cet endroit.

Viennent ensuite quatre jours de marche presque sans arrêt dans le désert pierreux que les Arabes appellent *sérir*. On ne trouve sur la route que de rares puits saumâtres dont l'eau est saturée de natron. Vu les propriétés irritantes et purgatives de ces eaux, on n'en boit que quand il est impossible de faire autrement.

Chaâti. — Source abondante. Le pays est riche en mines. On y trouve de l'or et de l'argent ainsi que du fer. Près de là se trouve une source d'eau chaude où on trouve des paillettes d'or. La caravane se repose trois jours.

Zelaff. — Partie le matin de la halte de Chaâti la caravane arrive à trois heures du soir.

Sebaâh. — Le lendemain on arrive à Sebaâh, ville assez importante, entourée de murs et dont les maisons sont bâties en terre. Les environs de Sebaâh sont riches en palmiers. La caravane fait quelque commerce à Sebaâh où elle séjourne trois ou quatre jours. L'eau est très bonne. Au sortir de la ville, on s'engage dans un désert de sable.

C'est de Sebaâh que part la route qui conduit au Soudan.

Auhdouah. — On s'arrête un jour pour se reposer. Il a fallu une journée et une nuit de marche sans repos pour traverser le désert de sable.

G'him. — La caravane ne fait là qu'une halte pour faire reposer les chameaux et mettre un peu d'ordre dans l'arrangement des marchandises. On n'est qu'à quelque distance de Mourzouk, la capitale du Fezzan, et les caravaniers tiennent à être mis convenablement pour faire leur entrée dans les villes un peu populeuses.

Mourzouk a été fondée par les Oulad Mehammed vers l'an 1310. La ville est coupée en deux par une sorte de large boulevard garni de boutiques de chaque côté et aboutissant par ses deux extrémités aux deux portes principales. Ce boulevard se nomme *Dendal;* toutes les rues latérales qui divisent la ville en quartiers y aboutissent. Les rues sont droites, larges et découvertes, aussi la chaleur y est-elle accablante. Le climat y est malsain surtout pour les Européens.

Mourzouk est une ville d'une certaine importance. Elle est bâtie à quelque distance de Traghan qui fut jadis un poste fortifié occupé par les Romains. L'eau qui est mauvaise à Mourzouk est au contraire remarquablement bonne à Traghan, et on voit dans les environs les ruines d'un ancien aqueduc. Le pays a été d'ailleurs habité par les Romains qui y avaient construit des monuments dont on trouve encore la trace. A douze heures de Mourzouk on voit un grand château fortifié.

La caravane fait un séjour de quinze à vingt jours à Mourzouk, qui est un marché où se traitent beaucoup d'affaires. Mourzouk a été jadis considéré par les puissances occidentales comme ayant une certaine importance. Pendant longtemps, l'Angleterre y entretint un agent politique dont l'utilité était officieusement expliquée par ce motif qu'il devait surveiller la traite des nègres. Nous ne pensons pas que la présence de l'agent britannique dans la capitale du Fezzan, ait jamais nui beaucoup à l'exode forcé des noirs habitants de l'intérieur.

Maaffen. — En quittant Mourzouk, la caravane marche douze heures pour arriver à cette halte.

M'stouta. — Cette station est à peu de distance de la précédente. On trouve à M'stouta les restes d'un Kasr qui paraît être d'origine romaine. Dans l'oasis se trouve une source d'eau, blanche comme du lait, et qui paraît-il est délicieuse. La caravane s'arrête trois ou quatre jours à M'stouta.

Tker. — La caravane part le soir et marche toute la nuit pour arriver à cette halte située dans une plaine déserte.

Ghatroun. — La caravane s'arrête trois ou quatre jours dans cette station où il arrive assez souvent que plusieurs caravanes se trouvent réunies. C'est à Ghatroun que la route du Ouadaï se bifurque d'avec celle du Bournou.

Medroussa. — Partant le matin de Ghatroum, la caravane arrive à midi à Medroussa ; elle y passe le reste de la journée et la nuit.

Kasr-Rawa. — Partie le matin, la caravane arrive vers quatre heures du soir à ce point où on trouve les ruines d'un Kasr romain. Le pays présente de nombreux pâturages et la marche n'y est pas très pénible.

Kasr Djereï. — Cette halte est située à la limite des possessions turques. Sur ce point du Fezzan le pays est assez peuplé, mais à partir de là on entre dans le *ghoud* ou désert de sable, dans lequel on ne rencontre aucune trace de végétation. Il faut emporter avec soi toutes les provisions ; les dattes servent à la nourriture des chameaux et les conducteurs n'ont souvent à manger que la viande de celles de leurs bêtes de somme qui tombent épuisées et qu'on achève en leur coupant la gorge. Les charges sont réparties sur les chameaux supplémentaires. Le passage de ce désert est très pénible, cependant on campe le soir.

Mech'rou. — Après deux jours de marche dans le sable, on trouve un puits, le pays devient montagneux.

Ras-el-Tenieh. — La caravane s'engage dans une vallée profonde. Les montagnes de chaque côté sont absolument dénudées. Il n'y a ni arbres ni végétation ; aucune source. Le chemin étant difficile, on campe pendant la nuit.

Labragh. — Toujours des montagnes pelées, la caravane marche péniblement pendant toute la journée.

Louhar. — Les montagnes s'élèvent de plus en plus. Il en est une si haute, disent les caravaniers, qu'on n'en voit jamais le sommet. Au pied de cette montagne, se trouve une source souterraine qui fournit de l'eau bonne et en abondance, ce qui permet de renouveler les provisions.

La caravane poursuit encore sa route dans les montagnes pendant deux jours et deux nuits, campant chaque soir. Le soir du deuxième jour elle s'arrête vers une source dont l'eau est rouge — rouge comme le sang disent les caravaniers. — Cette eau, malgré sa couleur est bonne et hommes et bêtes en boivent avec plaisir.

Meffir. — Il n'y a là qu'un puits où on arrive après une journée de marche à partir de la source d'eau rouge. Les chameaux souffrent beaucoup à cause des rochers et des pierres ; on ne leur donne à manger que des dattes ; ils avalent tout, les fruits et les noyaux. Durant la marche, ils ruminent les noyaux et arrivent à en faire une bouillie qu'ils digèrent parfaitement. Les Arabes assurent que ces noyaux leur donnent beaucoup de vigueur et de résistance, et sont persuadés que sans eux les chameaux ne pourraient supporter cette route pénible.

Zaahia. — Le chemin se poursuit toujours dans les montagnes, mais dans les environs de Zaahia qui forme une oasis d'une certaine importance, on trouve de la bonne eau et de beaux pâturages, les premiers que l'on rencontre depuis Mourzouk. Hommes et chameaux sont épuisés ; ils s'arrêtent deux ou trois jours dans l'oasis pour reprendre des forces et faire un peu de commerce avec les habitants.

Les indigènes sont troglodytes, ils habitent des trous creusés de main d'homme dans la montagne. Les montagnes cessent momentanément après Zaahiah. La caravane reprend le désert de sable qu'elle met deux jours à traverser.

Youkbah. — Les montagnes recommencent. Pour trouver de l'eau, il suffit de creuser la terre à une profondeur médiocre, l'eau jaillit aussitôt. Sur les sommets, on voit des ruines que les caravaniers croient être romaines, par leur ressemblance avec celles des environs de Mourzouk.

Le pays renferme un assez grand nombre de dattiers.

Après deux jours de marche dans le désert la caravane pénètre dans le pays du Kaouar qui est occupé par les Tebbous.

Anaï. — La première bourgade que rencontre la caravane est Anaï. On y trouve un beau puits avec une margelle en marbre.

Les montagnes environnantes sont criblées de trous qui ont été jadis habités et au-dessus desquels existent des inscriptions. La plupart de ces habitations souterraines sont aujourd'hui abandonnées.

La caravane s'arrête à Anaï, un jour en allant au Bournou et huit jours en revenant.

Maïna Yaddem. — Le pays est marécageux ; on met un jour à le traverser.

Dorkou. — Là, habite un chef tebbou d'une certaine importance. Ce chef est installé dans un vieux kasr romain. Les caravaniers font quelque séjour dans ce lieu et y traitent quelques affaires ; ils offrent un burnous au chef qui reconnaît cette politesse en envoyant deux vaches aux principaux de la caravane.

Près de Dorkou est une Zaouia qui appartient aux Snoussya. Les Snoussya cherchent à étendre leur influence dans le Kaouar, bien que les Tebbous ne mettent pas beaucoup d'empressement à se faire affilier à la confrérie de Djer-Boub. Cette Zaouia prospère cependant et a donné son nom au pays.

R'htatir. — Le pays est riche en pâturages, en outre il y règne une sécurité relative, grâce aux bonnes relations des caravaniers avec le sultan de Dorkou ; aussi on profite de la situation pour faire une halte de deux jours et deux nuits, principalement pour donner aux chameaux un peu de repos et du fourrage frais.

El Bolma. — Là, finit le pays de Kaouar. Le pays est célèbre par son sel blanc dont on fait un grand commerce. On trouve à El Bolma un kasr que les caravaniers disent remonter à l'époque romaine.

En partant d'El Bolma, le pays devient dangereux. Des Tebbous se joignent à la caravane. On ne sait pas au juste si c'est pour la protéger ou pour être protégés par elle. Les Tebbous font nombre en effet, mais les caravaniers qui sont des hommes robustes, courageux et munis d'armes perfectionnées dont ils se servent avec beaucoup d'habileté constituent une force relativement sérieuse, aussi est-il probable que les Tebbous qui ne sont généralement pas des foudres de guerre, se sentent rassurés en voyageant avec des compagnons énergiques.

Le voyage est d'ailleurs non seulement dangereux, à cause des pirates du désert, mais encore très pénible ; pendant deux jours on marche dans les dunes de sable mouvant, le soir du second jour on trouve un petit puits à *Zao*. Ensuite il faut marcher encore deux jours dans le sable.

Nassaouah. — Là, on peut renouveler sa provision d'eau. On n'a qu'à creuser le sol, à un pied de profondeur et on trouve de l'eau en abondance. On ne s'arrête cependant que le moins de temps possible et la caravane fait encore deux journées de marche dans les dunes de sable, très dangereuses quand s'élèvent les grands vents.

Aghadem. — C'est le nom d'une montagne où on parvient après ce passage pénible. On arrive dans la partie du Soudan où tombe de la pluie. On sait que la limite de la zone où il pleut est à environ 17 degrés de latitude nord. A mesure qu'on se rapproche ensuite de l'équateur, la saison des pluies présente une durée plus grande.

Le pays offre beaucoup de pâturages et les chameaux en profitent pour se réconforter. La caravane séjourne deux jours et deux nuits dans ces parages qui sont d'ailleurs absolument déserts. Les voyageurs ont d'autant plus besoin de repos que les provisions emportées de Tripoli ou achetées à Mourzouk, sont généralement épuisées quand on arrive à la zone des pluies, et il arrive même fréquemment que les derniers jours avant cette halte, sont des jours de jeûne pour ceux qui n'ont pas été assez économes.

Le pays renferme de grandes quantités de gazelles et de taureaux sauvages. On chasse les uns et les autres pour renouveler les provisions.

Ces taureaux sauvages marchent par bande de trois à quatre cents. Ils ont d'énormes cornes courbées en arrière et une toute petite queue. Les Arabes prétendent qu'ils boivent le vent; ils racontent qu'ils les voient s'arrêter fréquemment, tendre le nez du côté d'où vient le vent et rester des heures entières sans bouger de cette position.

Toum-Toum. — Un peu réconfortée et réapprovisionnée, la caravane arrive à Toum-Toum après une journée de marche. Il n'y a pas d'eau, mais beaucoup de pâturages; cette particularité se reproduit pendant deux jours, et ce n'est que le soir du second qu'on arrive à *Kashaféri* où on trouve de l'eau.

Cette partie du voyage est peut-être la plus dangereuse, disent les caravaniers. Ils sont continuellement sur le qui-vive, examinant avec le plus grand soin tout ce qui passe à portée de leur vue, la main sur leurs armes, poussant des pointes à trois ou quatre, sur leurs chameaux de course pour sonder le pays et éclairer la marche du convoi. S'ils rencontrent une troupe d'allure suspecte, ils n'hésitent pas, se réunissent un certain nombre et font sur elle un feu d'enfer avec leurs carabines à longue portée. Ils sont d'ailleurs bien pourvus de munitions ; à Tripoli, quand on vend une carabine Winchester dont se servent les caravaniers, il est d'usage d'y joindre toujours 500 cartouches. Les Tebbous accompagnent toujours la caravane et lui donnent un aspect beaucoup plus formidable que la réalité.

A Kashaféri, il y a bien de l'eau comme nous venons de le dire, mais les puits sont très petits et il est difficile de s'en servir.

Après un jour de marche, la caravane campe le soir sous les premiers grands arbres qu'elle rencontre ; à partir de ce moment on est dans un pays ou l'herbe et l'eau ne sont plus des mythes.

Koufaï. — Encore un jour de marche et on arrive à Koufaï ou il y a un puits considérable, entouré d'arbres et autour duquel en existent plusieurs autres plus petits. Le pays est toujours dangereux et l'endroit a mauvaise réputation. On ne s'approche des puits qu'avec beaucoup de précautions et après avoir envoyé des éclaireurs dans toutes les directions.

La contrée est toujours pleine de taureaux sauvages, seulement le pelage de ces animaux a changé : ils étaient blancs à Toum-Toum, à

Koufaï ils sont rouges. On rencontre également beaucoup d'autruches.

Les chameaux sont épuisés. Arrivés à Koufaï, il n'en est plus un qui ait conservé sa bosse. Depuis le Kaouar et quand les dattes ont été épuisées, on les nourrit avec du riz.

Bir el Haman. — Après deux jours de marche dans un pays absolument désert, la caravane campe le soir aux environs de ce puits. Elle est obligée maintenant de réunir le soir les chameaux en cercle et d'entourer les campements de grands feux. Depuis qu'on est entré dans la région des arbres, les bêtes fauves sont devenues nombreuses. Le lion qu'on a appelé en terme de poésie le roi du désert, sans doute parce que le désert est l'endroit où on est certain de ne jamais le rencontrer, est au contraire très nombreux dans les forêts de cette partie du Soudan. Toute la nuit, il rôde en rugissant autour du campement, cherchant à surprendre quelque bête isolée et y réussissant souvent.

Shet. — Du Bir el Haman, il ne faut guère que les trois quarts de la journée pour arriver à Shet sur les bords du lac Tchad. C'est une vraie mer, disent les caravaniers et on y pêche des quantités énormes de poissons. La caravane célèbre son arrivée au terme des dangers du voyage par une grande fantasia où on fait bruyamment parler la poudre. Ce procédé a un avantage pratique, celui de prévenir les indigènes de l'arrivée des négociants arabes. Les naturels arrivent en foule, venant surtout d'une quantité de petites îles qui sont dans le lac ; ils arrivent sur des canots minuscules qu'ils manœuvrent avec beaucoup d'habileté. Ces naturels sont des nègres idolâtres qui parlent en sifflant et qui sont excessivement voleurs. Ils portent des colliers et des boucles d'oreilles en coquillage, probablement des cauris. L'approvisionnement est facile mais le choix est restreint. Le grand objet de l'échange pour ces insulaires est la poule. Ils donnent dix poules pour une épingle ; un couteau ou un rasoir est un instrument qui n'a pas de prix. Seulement on ne peut être payé qu'en poules ou en gros poissons qu'on prend dans le lac.

Les îles contiennent beaucoup de bestiaux. La caravane séjourne deux jours à Shet. Dès son arrivée, elle expédie un courrier au Sultan de Bournou, lui annonçant sa présence et lui faisant connaître son caractère absolument commercial ainsi que la nature des marchandises qu'elle apporte.

Après deux jours de repos, on part en suivant les bords du lac.

Barrouah. — On fait halte pour coucher dans ce village qui comme Shet est sous la domination du Sultan de Bournou.

Yaou. — Le matin, la caravane se met en route et vers deux heures de l'après midi arrive à Yaou, petit village situé au bord d'un gros fleuve qui se jette dans le lac Tchad.

Ce fleuve est assez important puisqu'il n'est pas possible de le passer à gué. Toutes les marchandises sont déchargées et passent dans des bateaux. Les chameaux suivent à la nage. Cette opération est assez coûteuse : les bateliers prennent un thalari de Marie-Thérèse, soit à peu près cinq francs, par quatre charges de chameau ; quand ils arrivent à You, les chameaux ne portent certainement pas plus de 120 kilogrammes.

Le fleuve se nomme Yaou comme le pays. La contrée est sous la domination d'un Sultan qui réside dans le village et qui est tributaire de celui de Bournou. Les caravaniers lui font un cadeau et le Sultan leur envoi un présent de dix taureaux.

Le lendemain matin, la caravane se remet en marche du côté de la ville de Bournou mais n'y pénètre pas encore. Elle s'arrête à quelque distance, attendant une réponse au message qu'elle a envoyée de Shet.

Cette réponse arrive sous forme d'un dîner formidable ; mille plats au moins disent les caravaniers, tous remplis de nourriture. Un festin aussi somptueux compense un peu les privations passées.

Le lendemain matin, les caravaniers font leur grande toilette, ils revêtent leurs plus beaux costumes, prennent leurs plus beaux harnachements, leurs armes les plus brillantes et se dirigent en grande pompe vers la porte de la ville.

Bournou. — A la porte de la ville se tiennent des soldats. Toutes les marchandises leur sont remises et ce sont eux qui les portent au bazar. Les caravaniers continuent leur chemin jusqu'à la demeure du Sultan qui les attend devant sa porte. Pour lui faire honneur, ils exécutent une grande fantasia, dans leurs beaux costumes, faisant largement parler la poudre, puis ils vont saluer le Sultan qui les congédie. Trois jours après, les caravaniers retournent au palais porter des présents au Sultan. Leurs cadeaux ne les ruinent pas. Ils consistent en sucre et en quelques pièces de toile. Le Sultan les reçoit très cordialement et s'entretient avec eux avec beaucoup d'intérêt. Il est Musulman, mais pas encore affilié aux Snoussya.

Bournou, disent les caravaniers, est une ville assez importante ; ils estiment que son étendue équivaut à quatre fois celle de Tripoli. La ville est entourée de murailles en assez bon état, on y pénètre par sept portes.

Le séjour des caravanes à Bournou est naturellement subordonné à la facilité avec laquelle se vendent ou s'échangent les marchandises. Il est rare que ce séjour dépasse trois ou quatre mois. Quand les peaux, la gomme, les plumes d'autruche, les cornes, les dents d'éléphants sont déjà rassemblées dans le bazar, les échanges se font assez rapidement et il suffit d'attendre que les chameaux soient suffisamment reposés pour pouvoir repartir, cette dernière opération exige toujours au moins deux mois et quelquefois davantage.

Le retour de la caravane à Tripoli s'opère par le même chemin, les mêmes étapes et à très peu de chose près exige la même durée.

LA ROUTE DU OUADAI

Les caravanes qui vont de Tripoli au Ouadaï suivent le même itinéraire que celles qui vont au Bournou jusqu'à la limite du Fezzan qui se trouve comme nous l'avons dit à quelque distance de Ghatroum, à quatre étapes de Mourzouk. La caravane s'organise pour ce nouveau trajet et s'y prépare par un repos dans l'oasis de Medroussa, d'où elle entre résolûment dans le désert.

El-Ouïr. — La première étape est rude; deux jours et deux nuits dans le désert pierreux. On s'arrête à El-Ouïr, où il y a des puits et des ruines romaines, disent les caravaniers.

Grâo. — Si la première étape est rude, la seconde l'est encore davantage. Après un séjour de trente-six ou quarante-huit heures à El-Ouïr, la caravane s'engage durant huit jours de marche dans un désert pierreux et rocailleux où il ne se rencontre pas de puits, bien qu'il y ait beaucoup de collines. On trouve çà et là, une maigre végétation et les passages sont très difficiles. Outre la peine qu'on a à marcher, il faut faire grande attention aux mauvaises rencontres, le pays est considéré comme dangereux. Grâo, où s'arrête la caravane après cette semaine de fatigues est une petite ville située près d'un gros ruisseau, au pied d'une montagne. On y remarque une source dont l'eau tombe dans une fontaine, dont le bassin est évidemment de construction romaine.

Grâo est habitée par des Tebbous. Ces gens ingénieux profitent de leur situation et vendent l'eau aux caravanes. Le paiement se fait en marchandises ; une caravane de 500 chameaux avec trente caravaniers et leurs serviteurs peut s'abreuver et s'approvisionner moyennant vingt pièces de cotonnade.

La route qui mène à Grâo est appelée route des *Ghour* — des racines d'arbres — pour indiquer combien elle est difficile.

La caravane séjourne trois fois vingt-quatre heures à Grâo. Les chameaux sont épuisés par la traversée qu'ils viennent de faire et ils ont d'ailleurs besoin de prendre des forces pour les jours qui vont suivre.

En effet, au départ de Grâo, la caravane s'engage durant quatre jours dans les montagnes. Les chemins sont jonchés de pierres, ce qui rend la route très difficile pour les chameaux ; le pays est heureusement assez tranquille et on n'a pas à craindre l'attaque des Touàreg. Dans ces montagnes, on rencontre beaucoup d'ânes sauvages à robe jaune ou rouge; ces animaux ont les jambes très fines et les oreilles petites, leur vitesse est supérieure à celle des chevaux.

Ghelta. — Après avoir fait une station dans ce lieu, la caravane arrive à une Zaouia fondée par les Snoussya. Le moqaddem, c'est-à-dire le chef spirituel et temporel de la Zaouia, arrête les caravaniers et leur demande impérativement de faire la profession de foi musulmane. Au cas où les caravaniers refuseraient, le moqaddem confisquerait immédiatement leurs marchandises et leur interdirait le passage.

Nous n'avons pas besoin d'insister sur l'importance de ce renseignement. Il prouve combien les Snoussya veillent avec soin sur les parties de l'Afrique qui, comme le Ouadaï, sont soumises à leur influence.

A partir de cet instant, nous continuerons à donner exactement, d'après les récits des caravaniers, l'itinéraire suivi, seulement nous nous attacherons au pas d'une des dernières caravanes ayant fait cette route et nous conterons les péripéties de son voyage.

Cette caravane partie de Tripoli était fort considérable et dirigée par plusieurs caravaniers émérites, grands coureurs du désert, gens de sang froid et d'exécution. Deux d'entre eux principalement avaient la direction de la campagne. Un Arabe d'une trentaine d'années, grand, sec, brun, calme d'allure, quoique gai de caractère et un nègre As Salem, l'un des hommes les plus énergiques qu'on puisse rencontrer, ancien marin, ancien contrebandier, rusé comme un sauvage et fertile en expédients.

L'oasis de Ghelta est habitée par des Tebbous dont le chef nommé Baroud fit attendre trois jours les caravaniers avant d'entrer en pourparlers avec eux. Après s'être mis d'accord, nos marchands firent encore un séjour de huit jours pour trafiquer. L'oasis possède beaucoup de palmiers et est traversée par un ruisseau, presque une petite rivière, avec beaucoup d'eau, et dont le passage est long et difficile. On ne peut faire passer les chameaux que l'un après l'autre. On ne trouve point de ruines anciennes ni à Ghelta, ni dans les environs.

Au sortir de Ghelta, la caravane entre dans la partie la plus périlleuse et la plus pénible de son voyage. Elle s'engage dans les montagnes et marche cinq jours et cinq nuits, sans s'arrêter autrement que pour laisser souffler les bêtes. Pendant ce temps, les caravaniers ne dorment point ; ils sont sans cesse à aller d'un bout à l'autre de la caravane, surveillant les animaux, les serviteurs, les esclaves, guettant un ennemi dont ils craignent l'approche. Pour résister au sommeil, ils prennent du thé ; le café ne pourrait pas être supporté sous ce climat torride, même par ces hommes que l'on croirait pourtant taillés dans du bronze, tant ils sont robustes et résistent à la fatigue.

Notre caravane eût une alerte. Pendant son passage dans ces lieux périlleux, elle fit la rencontre d'une expédition de Tebbous qui demandèrent pourquoi le convoi n'avait pas passé par le Tibesti. Nos hommes leur répondirent que c'était pour abréger la route et que d'ailleurs ils s'étaient assurés la protection du chef tebbou de Ghelta. Ces raisons parurent d'autant plus suffisantes, qu'elle furent accompagnées de l'offre d'un burnous pour le chef de la bande et de deux chameaux fatigués. Nos Tebbous se retirèrent, mais par mesure de prudence et pour éviter un retour offensif, la caravane campa la nuit suivante dans le désert, au lieu de marcher et on peut penser que les chefs firent bonne garde.

Après ces épreuves, la caravane arrive à *Youjanga*, petite ville appartenant toujours aux Tebbous. Quand nos caravaniers arrivèrent, on était à l'époque du Rhamadan, et leur surprise fut grande en voyant leurs coreligionnaires qui mangeaient et fumaient publiquement, comme en temps ordinaire. Ils manifestèrent leur surprise de cette infraction à une des prescriptions les plus formelles de l'Islam et les Tebbous leur répondirent sans se déconcerter, que leur Cadi les avait averti que cette année, le jeûne ordinaire n'était obligatoire que pour les gens mariés et que les célibataires en étaient dispensés.

Le chef du pays de Youjanga demeure dans une maison peinte en rouge qui est bâtie sur une éminence; ni lui ni son peuple ne sont affiliés au Snoussya.

La caravane fit à Youjanga un séjour de quatre jours et quatre nuits. Les chameaux étaient tellement las, que pour remplacer ceux qui étaient incapables de continuer et pour soulager les autres, il fut nécessaire d'acheter une grande quantité d'ânes.

Ouadi-Dom. — On marche trois jours, campant la nuit, pour arriver dans un pays marécageux où se trouvent beaucoup de palmiers. La caravane s'arrête deux jours à Ouadi Dom, c'est à peu près là que sont épuisées les provisions apportées de Tripoli. A partir de ce point, les échanges, les achats ou la chasse doivent nourrir les voyageurs.

Ouaïda. — D'après les caravaniers, les salines de Ouaïda seraient peut-être les plus importantes de la région. Il faut marcher deux jours pour arriver le soir du second jour à Ouaïda qui est sur la limite des possessions du sultan du Ouadaï. On assure qu'il y a des époques où on peut compter jusqu'à 70,000 chameaux réunis autour des salines et qui viennent chercher le précieux aliment. Si les salines attirent les commerçants, les commerçants attirent les pillards, et les environs de Ouaïda sont considérés comme excessivement dangereux, le pays étant continuellement battu par des partis de Tebbous ou de Touâreg.

Notre caravane devait séjourner trois jours dans ce pays mais sa mauvaise fortune en décida autrement. Peu après son départ de cette ville, leur guide épuisé les abandonna, ensuite beaucoup de leurs chameaux ayant mangé des herbes vénéneuses succombèrent et nos hommes furent forcés de rester quinze jours sur place, n'ayant pour se nourrir que la viande des chameaux et des ânes qui tombaient malades et qu'on achevait.

La situation tournait au critique quand ils parvinrent à en sortir. Ils réussirent un jour, à s'emparer de quelques Tebbous de l'est et les firent prisonniers, leur imposant de servir de guides. Ces malheureux acceptèrent, moyennant qu'on les vêtit, ce qui fut accepté. Ils donnèrent ensuite les noms des principaux chefs du voisinage, et des messagers furent envoyés pour leur demander des chameaux pour continuer le voyage.

Pour sauvegarder leurs marchandises et donner plus de poids à leur demande de secours, nos rusés caravaniers dirent dans leurs lettres que les objets qu'ils apportaient étaient destinés au sultan du Ouadaï et pour fournir une consécration officielle à cette déclaration, ils scellèrent leurs lettres avec de la cire à cacheter sur laquelle ils apposèrent une pièce turque de cinq piastres, de façon que leur correspondance portait le chiffre du Padischah.

Cette manœuvre ingénieuse réussit parfaitement ; quelques jours plus tard, les chefs du voisinage arrivaient avec 400 chameaux, des ânes, escortés par des musiciens et apportant toutes sortes de provisions, beurre, volailles et cinq bœufs. Grâce à ce concours, notre caravane put se remettre en route et après quatre jours de marche arriva au pays des arbres.

Ouadi-Hauch. — Le pays n'est pas peuplé, mais il est couvert de pâturages ; pour avoir de l'eau, il suffit de creuser un peu. Là, comme sur la route du Soudan où commencent les arbres, apparaissent les bêtes féroces et notamment les lions, dont les bois sont littéralement pleins.

Notre caravane s'en aperçut la première nuit qu'elle campa. Malgré les feux, les lions rôdaient autour d'elle, faisant un tapage épouvantable. Les ânes prennent peur, brisent leurs liens et s'enfuient, il en était parti quatorze, on n'en put retrouver qu'un, tous les autres avaient été mangés par les fauves qui firent bombance cette nuit là.

Chalouba. — Après avoir marché deux jours, la caravane arrive le soir du troisième jour à Chalouba. La route est meilleure, on passe dans les bois. Les gazelles sont fort nombreuses dans ces parages. On en rencontre fréquemment des bandes de trois à quatre cents. Elles sont d'ailleurs très familières et se laissent facilement approcher. Le pays est très peu peuplé, ce qui explique cette confiance des animaux.

Les aventures de la caravane qui nous occupe n'étaient pas terminées. A Chalouba, les guides tebbous qui ne les conduisaient que forcés et contraints, malgré les habillements qu'ils avaient reçus, parviennent à tromper la surveillance de leurs gardiens et prennent la fuite, emmenant chacun un chameau. Voilà nos caravaniers plongés de nouveau dans l'embarras, sans guides, sans point de repère, dans un pays où aucun d'eux n'était encore venu.

Par quelques paroles échappées à leurs guides, ils avaient appris qu'à une certaine distance, se trouvait une tribu assez importante, les Mahamid. Ils résolurent d'y envoyer des ambassadeurs.

Quatre des caravaniers se dévouèrent, partirent et après quatre jours de marche, arrivèrent à Harada, où se trouve le principal campement des Mahamid. Ce peuple vit sous des tentes dont l'intérieur est tapissé de coquillages. Ils sont Musulmans, mais non Snoussya, presque blancs de peau, mais avec le nez un peu épaté. Les hommes ne portent pas même de caleçons et les femmes ne sont guère plus habillées. Les uns et les autres possèdent un aspect agréable.

A l'arrivée de nos quatre caravaniers qui demandaient de l'aide, le chef des Mahamid fit battre le *tabal* — la grosse caisse — et rassembla son peuple. Il consentit à envoyer des secours à la caravane en détresse, expédia de nombreux chameaux avec des guides mais garda les quatre ambassadeurs en ôtages, se réservant de les envoyer par une autre route à la capitale du Ouadaï.

Ces Mahamid qui sont, dit-on, au nombre de plusieurs milliers, sont riches et possèdent des chameaux en quantité innombrable. Leur pays est alimenté par des puits.

Nemrou. — Avant d'arriver à Ouadaï, ou plutôt à Boucha, car tel est le nom que les indigènes donnent à la capitale du Ouadaï, la caravane passe à Nemrou, petite ville presque exclusivement habitée par une *ferka*, — portion de tribu — venue du Darfour, d'où elle avait dû émigrer à la suite d'une guerre.

Pendant que la caravane poursuivait sa route vers la capitale du Ouadaï, nos quatre plénipotentiaires se rendaient également à Bacha par un autre chemin et, n'étant point retardés par les bêtes de somme, y parvenaient promptement.

On peut juger de leur surprise quand la première figure qui s'offrit à eux dans ce pays lointain, fut celle d'un personnage de connaissance. En arrivant, ils tombent sur un certain Caïd Hassan, ancien cawas de M. Bolta, consul à Tripoli, et que les hasards d'une existence aventureuse avaient amené jusqu'au Ouadaï. Le sultan lui avait offert l'hospitalité, deux femmes et une pension de 40 thalaris par mois. Jamais Caïd Hassan n'avait été si heureux.

Après les premiers compliments, nos caravaniers, heureux de trouver à qui parler, demandent à Caïd Hassan quelle est la coutume et de quelle façon ils doivent se conduire avec les autorités.

Sur les conseils de leur ancien ami, ils se mettent en ligne et tirent en l'air chacun un coup de feu. A ce signal la foule arrive de toutes parts et nos héros sont entourés par une masse de nègres. Tout ce mouvement intrigue le Sultan qui demande ce qui arrive. Ce sont des étrangers, lui dit-on. L'ordre est aussitôt donné de les amener devant le souverain et un noir vient les prévenir.

Nos hommes s'habillent alors du mieux qu'ils peuvent et se rendent à l'invitation du Sultan en ayant d'ailleurs bien soin de conserver leurs armes. En cela, ils suivaient le conseil de Caïd Hassan qui leur avait recommandé, par dessus toute chose, de ne jamais les quitter, même si les gardes du sultan leur en intimaient l'ordre. Dans le Ouadaï, paraît-il, un homme qui quitte ses armes est montré au doigt; on le met de suite au rang des femmes.

Ils arrivent donc, bien armés devant la demeure du Sultan et sont aussitôt introduits. Le souverain noir qui se nommait Ali, était coiffé d'un couffieh arabe, assis sur une peau de lion et le cadi était à son côté. Les nouveaux venus s'inclinent et lui baisent la main, il les invite à s'asseoir devant lui, examinant curieusement leurs armes et leur demande ce qu'ils sont venus faire dans ce pays.

Il fallait payer d'audace et As Salem n'en manquait pas. Prenant la parole au nom de ses compagnons, il raconta au Sultan que sur les bords de la mer où il habitait, on lui avait assuré qu'il était lui même allié au puissant sultan du Ouadaï. Sur cet avis, il était venu commercer dans son pays et lui apportait comme présents deux carabines de Constantinople, un cheval et quatre quintaux de poudre.

Le Sultan qui avait un de ses fils près de lui l'appela et lui commanda d'aller lui chercher son fusil. L'enfant obéit et rapporta une sorte de tromblon. « Les carabines que tu m'apportes sont elles plus longues ? » fit-il :

« Oui, répondit As Salem, de deux doigts. » Le sultan fit prendre note de cette déclaration par le cadi.

L'audience était finie. Nos quatre compagnons furent conduits chez le premier ministre qui les reçut admirablement, leur faisant faire trois bons repas par jour.

Cette vie de cocagne dura trois jours ; au bout de ce temps, un courrier arrive en toute hâte annoncer au Sultan que la tribu des Baghermi refusait de payer le tribut et venait de se soulever. Le Sultan envoie demander aussitôt As Salem, lui demandant d'aller chercher de suite les carabines et la poudre. As Salem qui se trouvait bien, refusa de se déranger, prétextant une maladie et un de ses compagnons s'offrit de partir à sa place.

Le pays n'étant pas sûr, le Sultan désireux de ne pas perdre les munitions qui lui arrivaient à un moment si opportun, donna au caravanier une escorte de cinquante cavaliers. Cette petite troupe partit en toute hâte, à la rencontre du convoi qui arrivait, grâce aux secours des Mahamid. Malheureusement, chacun des cavaliers nègres, en gens de précaution, avait emporté pendue à sa selle une outre pleine de *mérissa* bière faite avec le dokhn. Arrivés à Nemrou, ils trouvent la caravane avec ses conducteurs et réquisitionnant une chèvre par homme, ils se livrent à une de ces orgies de nourriture et de boisson comme les nègres seuls savent en faire. Une fois ivres ils se battent et les gens de la caravane n'étaient rien moins que tranquilles

Enfin tout finit, même une ripaille au Soudan et le lendemain la caravane put faire son entrée à Bacha sans avoir eu à supporter de nouvelles aventures.

Le Sultan était déjà parti. Fidèles à leurs promesses, les caravaniers déposent leurs marchandises, règlent avec leurs guides et munis de leurs présents se mettent à la poursuite du souverain. Il leur fallut trois jours pour le rejoindre. A peine étaient ils arrivés que le Sultan se fait apporter les carabines, les compare à son tromblon et constate qu'on ne l'a point trompé ; il examine aussi la poudre et pour s'assurer de la bonté de son cheval le fait aussitôt courir avec les siens.

Satisfait, le Sultan demande quelle est la valeur de ces présents. Nos rusés caravaniers comprenant qu'ils seront payés s'empressent de faire leur prix ; 500 thalaris (2,500 fr.) pour le cheval, 80 thalaris (400 fr.) pour les carabines et 400 thalaris (2,000 fr.) pour la poudre.

Le Sultan les remercie, et pour bien se convaincre de la pureté de leur croyance leur fait réciter la sainte *Fatha* — le premier chapitre du Koran — sous prétexte d'appeler sur son expédition les bénédictions d'Allah, puis il les congédie. Les caravaniers lui demandent alors la permission de retourner dans leurs pays quand ils auront vendu ou échangé leurs marchandises Le sultan accède à leur demande, mais déclare qu'As Salem ne partira pas avant qu'il lui ait remboursé la valeur de ses présents.

Les caravaniers vendirent leur cargaison moyennant 22,000 talaris.

Quant à As Salem, il resta huit mois à attendre le paiement de ses présents. Le Sultan ne fut pas heureux dans son expédition, ses troupes furent battues à plate couture et il revint presque seul et à demi-nu. Il fut honnête pourtant et paya As Salem jusqu'au dernier para, puis il le renvoya et notre noir revint par une autre caravane qui l'amena à Benghazi.

Le sultan Ali est mort peu après cette aventure ; c'est son fils Yousouf qui lui a succédé.

LA ROUTE DU SOUDAN

Une caravane qui se rend de Tripoli au Soudan, prend d'abord la route ordinaire jusqu'à Sebaâh, à deux étapes de l'oasis de Chaâti et où s'arrêtent les caravanes du Bournou et du Ouadaï. Sebaah, comme nous l'avons dit, est une petite ville entourée de murs, auprès de laquelle se trouve une oasis avec beaucoup de palmiers et qui jouit d'une certaine importance, comme entrepôt des marchandises de toute nature destinés à être importées dans l'intérieur.

A Sebaâh, les caravanes pour le Soudan prennent leur chargement de blé; il faut huit mesures pour faire la charge d'un chameau, le prix de la charge est d'un thalari.

La première étape commence le matin, le soir on campe dans de hautes montagnes où il y a des pâturages.

Au sortir de ces pâturages on entre dans un marécage formé par l'Ouadï el Hajal. Le pays est peuplé et on rencontre des hameaux.

Pendant huit jours, la caravane poursuit sa route dans cette contrée qui renferme un certain nombre d'habitants et où poussent beaucoup de palmiers. Nulle part on n'aperçoit des ruines anciennes.

Après ces huit jours de marche, on arrive à la Zaouia de Sidi Hacem. Cette Zaouia est occupée par des religieux ignorants. La caravane y séjourne deux jours.

Le matin du second jour, on part pour arriver dans le milieu de la journée à *Lagouba* où il y a des puits assez bien fournis.

On y fait des provisions d'eau; en effet, il faut ensuite marcher quatre jours de suite dans le désert de sable.

El Aouïna. — Le cinquième jour on arrive à El Aouïna où on trouve des puits. C'est un pays presque désert; on n'y compte qu'une douzaine d'habitants sédentaires. Les caravanes y font un séjour de quarante-huit heures pour se reposer.

R'hat. — Après une journée et une nuit de marche, on arrive devant les murailles de R'hat.

Là, la caravane renvoie les chameaux qui ont amené ses marchandises depuis Tripoli et doit entamer des négociations avec les chefs touâreg qui fourniront de nouvelles bêtes de somme, des guides, et avec lesquels il est nécessaire de traiter pour pouvoir obtenir la permission de traverser le désert sans être dépouillés.

R'hat n'est pas aussi importante comme ville que comme marché. Elle compte quatre mille habitants à peu près, si l'on ne tient pas compte des habitants des oasis qui l'entourent. C'est une ville bâtie en rond; au centre, il y a une place de laquelle rayonnent six rues qui vont aboutir aux murailles. Ces murailles sont percées de portes fort petites; les chameaux chargés ne peuvent pas y passer. Les marchandises sont descendues et transportées par des porte-faix jusque dans les maisons où elles restent en magasin en attendant le départ de la caravane. Les marchands s'installent dans ces magasins et y font le commerce.

R'hat est une ville relativement moderne; on peut le supposer du moins par l'absence de ruines et aussi parce que les auteurs anciens n'en font pas mention.

Jusqu'à ces dernières années, R'hat était une ville aux Touâreg et formait avec R'hadamès, Mourzouk, Ouargla et Ain Salah, les cinq points principaux du commerce dans le Soudan du Nord.

Vers 1880, un habitant de R'hat, poussé par des motifs que nous ignorons, trahit ses concitoyens, traita avec les Turcs et leur livra la ville. Les Turcs, heureux d'étendre leur influence dans le pays des Touâreg, envoyèrent des troupes, soumirent les petites tribus habitant les oasis autour de R'hat qui ne purent résister devant la menace de couper leurs dattiers et établirent une garnison permanente à R'hat.

Bien plus, ils eurent l'idée, qu'on peut qualifier de malencontreuse, de nommer l'individu qui les avait appelés et qui se nommait Mohammed Safi, moutessarif ou gouverneur de R'hat.

Les Touâreg furieux, voulurent reprendre leur cité, mais armés de lances et de flèches, ils ne purent enlever une ville défendue par des murailles suffisamment solides pour leur résister et derrière lesquelles se trouvaient des soldats turcs, aussi braves qu'eux, ayant une tactique, de bons officiers et armés de carabines Martini, dont ils se servent avec une habileté remarquable.

De cette époque date une recrudescence de haine entre les Touâreg et les Turcs. Jamais il n'y a eu d'ailleurs la moindre sympathie entre les deux peuples. Non-seulement il y a entre eux l'antagonisme qui sépare le nomade du peuple organisé et qui fait que les Arabes du pays de Chammar sont toujours en guerre avec les Turcs de l'Asie Mineure, mais il semble qu'il y ait aussi antipathie de race. Les Touâreg repoussés n'en conservèrent pas moins l'espérance de reprendre leur ville, et avec la patience qui est la grande arme des peuples qui ont une idée, ils attendirent leur jour et leur heure.

Ils continuèrent toutefois à laisser circuler les caravanes venant de Tripoli, mais, comme on le verra dans la suite de cet itinéraire, ils ne dissimulaient en aucune façon leurs projets de reconquérir R'hat et de se venger du moutessarif.

En 1886, vers le mois de mai ou de juin, croyons-nous, les Touâreg attaquèrent et pillèrent une caravane qui portait des vivres à la garnison de R'hat. Ce n'était pas une caravane commerciale, ils n'avaient aucun engagement avec elle, ils crurent devoir lui appliquer la loi de la guerre au désert. Le Moutessarif qui était un homme énergique, ne fit ni une ni deux, quelque temps après, un jour de marché, il fit empoigner une douzaine de Touâreg, qu'il supposait être, sinon les coupables, au moins gens de leur tribu et les fit jeter en prison.

Le moment de faire montre de vigueur était assez bien choisi. Le principal chef des Touâreg venait de mourir, son fils et son neveu se disputaient sa succession. On sait que dans la loi Targui — singulier de Touâreg — les biens sont divisés en deux parts, les biens de droits, acquis dans la paix ou par succession, et les biens acquis en temps de guerre. Les premiers sont partagés également entre tous les enfants, les seconds reviennent sans division ni partage au fils aîné de la sœur aîné, mais sans possibilité de les aliéner et avec obligation de les défendre avec le concours de la famille. Cet usage, qui se rapproche du mode de succession usité encore aujourd'hui chez certaines tribus de l'Inde et qui fut général chez presque tous les peuples primitifs, remonte à une époque bien antérieure à l'invasion de l'Islam en Afrique.

Les Turcs pensaient que les deux rivaux allaient s'attaquer, mais ils comptaient sans le respect des Touâreg pour la tradition et sans la haine qu'ils inspirent. Le Moutessarif fut la première victime de ses hypothèses.

Il fut attiré dans une conférence avec le Cadi de R'hat et le commandant des Zaptiés, — homme de police — et on lui fit ce qu'il avait fait lui-même aux Touareg ; on l'enleva. Les Touâreg avaient certainement bien envie de le mettre à mort, mais ils surent se contenir et envoyèrent proposer à l'officier turc qui avait pris le commandement de la ville, de rendre leurs prisonniers en échange de leurs frères détenus. Le commandant refusa. Les Touâreg lui firent savoir alors par le Cadi qu'ils renvoyèrent que le Moutessarif avait été décapité et donnèrent un furieux assaut à la ville. Ils furent repoussés avec d'énormes pertes.

Les Turcs avaient reçu dans cette occasion l'appui d'une tribu hostile aux Touâreg et qui habite entre R'hat et Mourzouk. Pour se venger, les Touâreg organisèrent une expédition, surprirent à l'improviste les pâturages de la tribu et en une nuit, égorgèrent six mille brebis qu'elle possédait.

Ils revinrent ensuite remettre le siège devant R'hat et emportèrent la ville au mois de décembre. La garnison turque fut passée au fil de l'épée.

Le pacha de Tripoli a bien envoyé aussitôt des troupes pour rétablir son autorité mais, même en supposant qu'il y parvienne, ce qui est douteux, il y aura pour longtemps du sang répandu dans les environs de R'hat.

Les caravaniers disent qu'à R'hat le nombre des femmes est beaucoup plus considérable que dans les autres villes des pays musulmans. Cela s'explique par les mœurs des Touâreg.

Chez eux, la femme mariée gère elle-même sa fortune personnelle sans être obligée de contribuer aux dépenses du ménage, si elle n'y consent pas. Il arrive dès lors que par le cumul des revenus, la plus grande partie des immeubles tombe entre les mains des femmes. A R'hat la majeure partie de la propriété foncière leur appartient.

Les caravaniers séjournent pendant deux ou trois semaines à R'hat, faisant des échanges, soit avec les habitants du pays, soit avec les caravanes qui se dirigent vers Aïn-Salah et le Touat, soit vers Ouargla ou vers Timbouctou. Pendant que les marchands font leurs affaires, les chefs de la caravane ouvrent les négociations avec les chefs Touâreg.

Ces dernières années, ces chefs, ne voulant pas venir à R'hat, où ils ne se sentaient pas suffisamment en sûreté, se tenaient dans les oasis qui entourent la ville. Le lieu principal de leurs réunions était à Barkhet, à une journée de marche et où existent de vastes pâturages pour leurs troupeaux.

Les caravaniers font marché avec les Touâreg pour louer des chameaux. Chaque chameau doit porter 80 oques soit 180 kilogrammes à peu près, et le prix de la location est fixé à 6.000 coquillages appelés ouada et qui sont les mêmes qu'on nomme cauris dans le Soudan oriental. Il faut 5.000 ouada pour représenter un thalari. Les chameaux sont loués pour faire la route de R'hat à

Kano, à l'aller seulement. Le prix de la location doit être payé à Kano.

Les pourparlers se passent avec un certain cérémonial. Les caravaniers arrivent vers les chefs Touâreg et ceux-ci ne répondent pas un mot avant qu'il ne leur ait été fait présent d'un burnous. Ce burnous est destiné à celui des chefs qui remplira les fonctions de guide. C'est le chef de la caravane qui est chargé de pourvoir à la nourriture du guide.

Ces chefs Touâreg ne sont pas à proprement parler des musulmans. Les caravaniers racontent qu'ils ne font jamais les prières. Celui qui accompagnait la caravane dont les chefs nous ont donné l'itinéraire, avait avec lui une pierre enveloppée hermétiquement dans un étui de cuir, l'étui était soigneusement cousu de tous côtés. Il avait remis cette pierre avec force recommandations au chef de la caravane, qui avait la charge de la lui apporter chaque matin avant le départ. Le chef Touâreg portait cette pierre à son front et s'en frottait le visage, puis il la remettait à son compagnon de route..

Aussitôt que les accords sont faits, le chef Targui prend personnellement le commandement de la caravane. Il ordonne et tout le monde lui obéit sans discuter.

Barkhet. — La première étape ne mène la caravane qu'à Barkhet qui sert de lieu de réunion. On y attend les retardataires pendant 24 heures, puis tout le personnel étant rallié, on s'enfonce dans le désert.

Le désert commence en effet tout de suite. Dès le départ, la caravane se met à gravir des montagnes assez hautes. Vers deux heures du soir, le premier jour, elle arrive à un plateau où on trouve du marbre en assez grande abondance.

Pendant deux jours et deux nuits, on marche sur ce plateau. La troisième journée est employée à descendre. Cette opération se fait par un petit sentier fort difficile où les chameaux ne peuvent passer que l'un après l'autre.

Au bas de la montagne, on trouve une source avec un bassin en pierre, les caravaniers estiment que ce bassin est un travail romain. Cette source est au fond d'un vallon entouré de hautes montagnes. La caravane fait halte toute une nuit dans cet endroit qu'on nomme *Grâo*.

Aghri. — Ensuite pendant trois jours et campant la nuit, la caravane poursuit sa route, suivant un ravin des deux côtés duquel s'élèvent des montagnes. Elle arrive ainsi à Aghri où se trouvent trois grands bassins alimentés par des sources. Aux environs de la halte, on voit quelques ruines. Il y a beaucoup de gazelles dans le pays.

Lesgheis. — La caravane reprend sa route après trois jours de repos. Elle marche ensuite pendant quatre jours, toujours dans les montagnes, pour arriver à Lesgheis où il y a un puits. Sur une montagne près du puits, on voit des ruines anciennes.

Tout ce pays est absolument désert. Les caravanes n'y passeraient probablement pas impunément, si elles n'étaient protégées par leurs traités avec les Seigneurs du désert. Mais confiants dans l'honnêteté traditionnelle des Touâreg, les caravaniers suivent leur guide sans la moindre hésitation.

Es Salem. — Après deux jours de repos à Lesgheis le convoi se remet en marche pendant quatre jours. La route continue toujours dans les montagnes, depuis Barkheit. On arrive à un puits, en plein désert, nommé Es Salem. Il y a de l'eau en quantité suffisante et quelques herbes. La température s'est beaucoup abaissée durant le dernier trajet, ce qui semble indiquer que la route est à une altitude assez considérable.

On s'arrête une nuit à Es Salem. Les chameaux souffrent beaucoup du froid. On marche encore pendant quatre jours, s'arrêtant chaque nuit. Le froid devient si vif que beaucoup de chameaux succombent. Leur charge est enlevée et comme on ne peut pas la répartir sur les survivants, elle est déposée dans des cavernes où on la retrouvera sûrement au retour.

Nazaouah. — Le cinquième jour on arrive à un puits dans le désert. Cet endroit est appelé Nazaouah. On commence à quitter les montagnes, cependant vers l'Orient, il en existe de très hautes qui sont, disent les Touâreg, habitées par des génies. Aucun de ceux qui ont voulu les explorer n'est revenu, disent-ils. La caravane entre alors dans le désert pierreux où elle marche trois jours. Elle arrive à une petite rivière où il y a des pâturages, mais le pays est absolument privé d'habitants.

La traversée des montagnes avait été dure. Sur 4.000 chameaux qui formaient la caravane, 150 avaient succombé au froid et surtout à la fatigue. Les chefs étaient montés sur des méhara à deux bosses qui supportaient beaucoup mieux les intempéries que les chameaux de somme. Il est probable d'ailleurs qu'ils étaient mieux nourris et mieux soignés.

Aïr. — Après un jour de repos et deux de marche dans une contrée moins difficile, on arrive à la ville de Aïr. Il y a un ruisseau. Les habitants logent partie dans des cavernes, partie dans des huttes. Ce sont des Touâreg, parents ou alliés de ceux qui mènent le convoi. Aussitôt que les gens d'Aïr voient arriver leurs amis, ils leur font fête, et les emmènent chez eux pour les héberger et les faire reposer. Chaque conducteur targui emmène avec lui ses chameaux, sans se donner la peine de les décharger et nos caravaniers se trouvent promptement tout seuls, avec leur guide pourtant qui ne les abandonnent point.

La protection effective des Touâreg de R'hat s'arrêtait à Aïr. Pour pouvoir continuer sans encombre son chemin jusqu'à Kano, la caravane devait solliciter la protection d'un Sultan targui, celui de Bolhrou, dans le pays duquel on allait entrer.

Nous allons raconter à ce propos les aventures de nos caravaniers dans cette partie du désert. Il faut se rappeler que le voyage que nous relatons se passait il y a quelques années, c'est-à-dire au moment où les Turcs occupaient R'hat et où cette cité targui se trouvait sous la domination du renégat Mohammed Safi, que les Turcs avaient nommés Moutessarif.

Les principaux caravaniers se décident à aller solliciter la protection du Sultan de Bolhrou. Ils partent pour sa résidence et marchent pendant sept jours dans un pays où pousse du blé blanc. Arrivés à Bolhrou ils s'arrêtent à deux heures de cette petite ville, bâtie dans les montagnes, au milieu de pâturages où vivent de nombreux bestiaux avec le lait desquels on fait d'excellents fromages. Là, ils mettent leurs vêtements de cérémonie, s'arment avec soin et pénétrent dans la capitale du Sultan.

Bolhrou est un grand village qui compte quatre cents zéribahs. La zéribah est un enclos d'arbustes épineux dans l'intérieur duquel se trouvent les habitations qu'on désigne par le nom de *tukkolis*.

Un tukkoli est une hutte cylindro-conique, construite soit en sable humecté, soit avec les matériaux que fournit l'excavation des puits. Cette hutte n'a pas plus de quatre à cinq pieds de hauteur au-dessus du sol. On y pénètre par une ouverture qui sert de porte; il y a même quelquefois des ouvertures faisant office de fenêtres.

Sur ces murs est placé un toit en forme de cône très allongé, formé de longues baguettes reliées à leur sommet et supportant une couverture de chaume qui est assez artistement arrangée pour résister même à l'action de la pluie. Les pauvres gens n'ont qu'un tukkoli, les riches en ont plusieurs, réunis dans l'enceinte qui forme la zéribah.

Nos caravâniers arrivent dans le village et demandent à parler au Sultan, on leur montre un vieux bonhomme assez mal vêtu, mais ayant pourtant grand air sous ses guenilles, c'était le chef targui. Nos hommes descendent de leurs montures et vont le saluer. On les invite à s'asseoir ils le font et pour se présenter remettent au sultan une lettre dans laquelle le Moutessarif de R'hat, Mahommed Safi, les recommandait à la bienveillance des chefs Touâreg qu'ils pourraient rencontrer sur leur chemin.

Mais le Sultan n'a pas plutôt parcouru la lettre et reconnu la signature du traître détesté qu'il déchire la malencontreux missive, crache dessus et la foule aux pieds.

« Je demande à Dieu, dit-il, patience et longue vie, pour qu'un jour je puisse couper la tête à Mohammed Safi. »

L'accueil était peu encourageant; le Sultan regardait ses interlocuteurs avec une colère non dissimulée, à travers de grosses lunettes qu'il avait posées sur son nez pour pouvoir lire la lettre du Moutessarif.

L'un des caravaniers lui remit alors une autre lettre. Celle-ci émanait d'un Arabe, célèbre chef de caravanes, nommé Mohammed Bachallah, bien connu dans tout le Soudan. Le Sultan lut cette seconde lettre.

« Celle-ci, fit-il, je l'accepte de bon cœur. »

Il offrit alors aux caravaniers de manger avec lui et les traita comme des *misafir* — hôtes — ce qui leur donna aussitôt toute sécurité.

Ce sultan de Bolhrou est un homme très vénéré dans le pays, quoique pauvre; il est hadji, c'est-à-dire qu'il a fait le pèlerinage de la Mecque et cette particularité jointe à son origine, lui attire le respect de toute la population. Une fois les caravaniers assis autour de lui, le Sultan leur adressa des questions prouvant qu'il était au courant des choses du dehors. Il leur demanda pourquoi les Turcs envoyaient autant de troupes à Tripoli, et ce qu'elles venaient y faire, s'inquiétant de savoir si le Padischah de Constantinople méditait quelque expédition contre les Touâreg. Il accusa de nouveau Mohammed Safi, auquel il reprocha de nuire beaucoup aux caravanes et renouvela avec conviction le désir de pouvoir quelque jour lui couper la tête.

Bien que le Sultan fut bienveillant pour ses hôtes, il ne leur faisait aucune allusion à leur situation, ni au besoin qu'ils avaient de sa protection pour continuer leur voyage. Voyant cette réserve, le principal chef de la caravane, un Arabe de Tripoli nommé Mohammed également, eut l'idée d'une ruse — « Sultan, lui dit-il, nous avons encore pour toi une autre lettre plus importante; ne sachant pas quel accueil tu nous ferais, nous l'avons laissée au campement. Si tu le permets, nous irons la chercher. Seulement nos compagnons n'ont pas de provisions et tu serais généreux en nous en donnant. »

Le Sultan s'inclina légèrement en signe d'adhésion, et donna ordre de leur fournir sept bœufs et douze chameaux chargés de beurre, de riz et de grains. Nos hommes repartirent aussitôt forçant leurs bêtes pour arriver plus vite à Aïr.

Une fois tous réunis, ils tiennent conseil. Mohammed, de Tripoli, expose son plan qui est aussitôt adopté. Le plus lettré des marchands, Khalifa Arabi, qui savait bien écrire, prend une belle feuille de papier et compose une lettre sensée écrite par le Pacha de Tripoli. Dans cette lettre, le Pacha, s'adressant au Sultan de Bolhrou, lui présentait ses compliments et l'informait qu'il lui reconnaissait à l'avenir le titre de Sultan et le protectorat des caravanes venant de la Tripolitaine. Notre gaillard signa sans façon du nom du Pacha de Tripoli ; la lettre fut ensuite dûment enveloppée et scellée.

Alors se produisit une scène bien typique ; Mohammed, de Tripoli, fit observer qu'une pareille lettre ne pouvait être prise au sérieux que si elle était accompagnée de présents d'une certaine valeur. Il proposa en conséquence à ses compagnons de faire chacun le sacrifice de quelques objets de leur pacotille pour composer un cadeau convenable.

Ils avaient bien tous adopté l'idée de la fausse lettre du Pacha, mais quand il s'agit de l'appuyer d'un présent, tous refusèrent avec une unanimité non moins grande. Mohammed, qui était le plus intéressé, fit donc un sacrifice. Il prit dans ses ballots divers objets : cotonnades, burnous, châles, le tout d'une valeur de 150 francs à peu près, et lui et Khalifa-Arabi reprirent le chemin de Bolhrou. Cette fois ils eurent la précaution de se faire accompagner du chef targui qui leur servait de guide.

Mieux montés que le guide ; nos deux caravaniers arrivent avant lui à Bolhrou et présentent leurs présents. Le sultan les examine et paraît satisfait. On lui donne alors la lettre à genoux ; il la prend, la lit gravement, l'embrasse et déclare qu'il est on ne peut plus flatté de la mission que lui confie le pacha de Tripoli, d'avoir à veiller sur les caravanes venant de la régence. Il accepte alors les présents et promet sa protection à nos deux ambassadeurs.

A ce moment arrive le guide targui. Les gens de Bolhrou qui le connaissent, lui font fête et l'accompagnent auprès du Sultan en criant mille fois. *Mabrouk! Mabrouk!* béni! béni! et ils s'empressent de lui apporter des présents. Le guide est amené près du Sultan, celui-ci le reconnaît, le salue et lui demande s'il peut témoigner de l'authencité de la lettre qu'on vient de lui remettre. Le guide qui avait reçu pour cela des arguments absolument convaincants, affirme que la lettre est parfaitement véritable et le sultan satisfait lui fait don d'un vêtement, il donne également un méhari à chacun des caravaniers.

— Nous avions toutes les peines du monde à ne pas éclater de rire, disait Mohammed en racontant cette histoire.

Avant de renvoyer les deux voyageurs, le Sultan leur demanda des parfums pour ses femmes puis il leur souhaita bon voyage.

Quelques jours après leur retour à Aïr, tous les chameaux touâreg étaient revenus avec leurs chargements intacts et assurés de pouvoir passer sans encombre, la caravane se remettait en route.

Après Aïr, les caravanes suivent une route monotone. Pendant dix jours de suite, elles marchent au milieu de pâturages mais sans rencontrer plus de deux puits nommés l'un *Aïn-Saoum* et l'autre *Bahr-Rhout*, c'est-à-dire la mer des puces, ce qui indique de suite la nature du gibier le plus abondant. Dans ces pâturages qui doivent leur existence aux pluies périodiques, on rencontre de grands troupeaux de taureaux sauvages qui circulent au milieu des immenses plaines où ils trouvent une abondante nourriture.

Bir-el-Malhem.. — Après ces dix jours de marche, la caravane arrive à une ville targuie, Bir-el-Malhem, où se trouve un grand puits dont la profondeur atteint trente brasses. La ville est composée de cabanes en nattes. Le principal personnage est un prêtre qui fait la prière pour les Touâreg. Ce santon a une réputation de sainteté parfaitement établie, et les habitants du pays sont convaincus que toutes les années il est transporté miraculeusement à la Mecque, pour y faire un pèlerinage. La renommée de dévôt n'est point à dédaigner dans ces contrées ; pour obtenir les bénédictions du saint homme, les pillards touâreg déposent entre ses mains la dîme de leur butin.

La caravane dont nous avons raconté les aventures n'avait rien à craindre des paroissiens du marabout de Bir-el-Malhem, mais la peur ne se commande pas, dit un proverbe. Les caravaniers acceptèrent donc l'offre qui leur fut faite d'aller partager le repas de ce chef, mais ils ne mangèrent qu'avec leurs armes à leur portée et comme disent les Espagnols, la barbe sur l'épaule. Tout se passa pourtant très cordialement et nos marchands s'arrêtèrent deux jours pour faire du commerce.

R'hat. — En quittant Bir-el-Malhem, il faut marcher trois jours. On rencontre enfin des arbres et des ruisseaux. A R'hat, la caravane est obligée de traverser un vaste marais, où poussent des quantités d'une herbe ressemblant à la menthe. Dans ce marais on trouve beaucoup de poules noires tachetées de blanc ; ce sont sans doute des pintades sauvages.

Damargou. — Un jour de marche après avoir passé ce marais et la caravane arrive à Damargou, la ville la plus commerçante des Touâreg du Sud. Cette ville est séparée en deux parties distinctes. Les habitants sont bons et hospitaliers pour les caravanes. Les maisons sont bâties en terre, la ville est à peu près équivalente à la moitié de Tripoli. On voit beaucoup d'arbres de l'espèce appelée *tellech* dans le pays, qui est bien arrosé.

Les caravaniers restent quatre jours à faire du commerce à Damargou. Ils doivent y opérer des échanges avantageux à en juger par la satisfaction avec laquelle ils parlent de leur séjour.

Zengou. — Il faut cinq jours de marche pour arriver à Zengou, la ville la plus importante des Touâreg, située dans le Bélad ou Saïm. C'est une ville considérable dont les maisons sont non seulement bâties en terre comme celles de Damargou, mais encore ornées extérieurement de peintures rouges. Il n'y a pas de murailles et les habitants y sont fort hospitaliers.

Zengou est la dernière ville targuie. Elle n'est éloignée que de deux heures de Zender le grand marché du Soudan.

Zender est une grande ville qui a les dimensions de Tripoli. Elle est entourée d'une enceinte fortifiée et on ne peut pénétrer dans l'intérieur que par trois portes qui sont soigneusement fermées chaque soir. En arrivant à Zender, les caravaniers pour signaler leur présence et faire honneur au souverain du pays, exécutent une grande fantasia. Le Sultan prévenu vient les voir et on lui remet des présents; c'est un nègre professant la religion musulmane et qui paraît-il est loin d'être bienveillant.

La caravane séjourne vingt jours à Zender, où l'eau est particulièrement bonne et qui est un grand marché d'échanges et un point central d'où repartent les caravanes qui viennent y chercher des assortissements de marchandises.

Kano. — De Zender à Kano il faut cinq jours de marche, mais sauf quelques difficultés apportées par la grande humidité du pays, la route n'offre aucun incident remarquable.

Zender paraît en outre encore plus important que Kano au point de vue commercial. Il arrive souvent que lorsque les caravaniers apprennent que pour une raison quelconque les articles d'échanges ne sont pas abondants à Kano, ils préfèrent se rendre directement de Zender à Bournou. Nous allons donner l'itinéraire de ce voyage.

DE ZENDER A BOURNOU

En partant de Zender de grand matin, la caravane traverse toute une journée un pays semé de villages assez peuplés dont les habitations sont bâties en paille.

Le soir du second jour, on entre dans une contrée où il y a des montagnes avec des sources. C'est là que finit le royaume de Zender. On continue ensuite dans les mêmes conditions mais on est obligé de prendre de grandes précautions à cause des habitants du pays, pillards dangereux. Ce sont des nègres idolâtres qu'on appelle Bdeiya.

Après avoir traversé ces passages inhospitaliers, on arrive près d'un grand lac où il y a beaucoup de roseaux. Le pays est habité par des nomades relativement hospitaliers, car ils vendent volontiers aux voyageurs ce dont ils peuvent avoir besoin.

Après deux jours de marche dans un pays riche et fertile quoique peu habité, on arrive au bord d'une rivière, rivière sans courant, disent les caravaniers et qui n'est sans doute qu'un prolongement du grand lac marécageux qu'ils ont rencontré auparavant.

Ayant suivi ce cours d'eau toute une journée, la caravane le traverse sans peine et fait son entrée dans un pays habité où il y a de grands bois pleins de sangliers, mais ne renferment pas d'animaux féroces. Le soir du même jour, on arrive à une petite ville entourée de murailles et peuplée de Musulmans, sujets du Sultan de Bournou.

C'est dans ces parages que les caravanes se procuraient autrefois les plus belles plumes d'autruche, avant que la domestication de ces oiseaux eut ruiné le commerce des chasseurs du Soudan.

Les caravanes passent trois jours dans cette petite ville, ils la quittent ensuite et après une journée de marche arrivent à un village composé de huttes. Ce village n'est lui-même qu'à peu de distance du fleuve Yaou qui se jette dans le lac Tchad et dont nous avons parlé dans l'itinéraire du Bournou.

Les environs du fleuve sont couverts de bois et ces bois sont pleins de bêtes féroces. Le soir, les voyageurs ont bien soin de disposer de grands feux tout autour de leur campement, mais malgré leur surveillance, il est bien rare que les lions n'emportent pas quelques bêtes de somme pendant la nuit. On trouve également par là beaucoup de gazelles très familières et qui se laissent approcher sans crainte par les hommes, ce qui prouve qu'on ne les chasse pas.

Sur les bords du fleuve Yaou est un oiseau dont les caravaniers parlent avec admiration ; il est bleuâtre avec une grande queue, disent-ils et son chant est mélodieux. Le gibier de toute nature est abondant dans cette région.

Les caravanes venant de Zender restent en général plusieurs jours à Yaou avant de traverser le fleuve. Elles font des échanges avec les populations du pays qui sont riches en produits de toute sorte. Une fois le marché épuisé elles traversent le Yaou dans les conditions que nous avons décrites et se rendent à Bournou.

LES TOUAREG

LES TOUAREG

On désigne sous le nom de Touâreg (au singulier targui) les populations nomades qui habitent le Sahara et le Soudan, depuis l'Algérie jusqu'à Timbouctou et au Bournou, et depuis le pays des Tebbous jusqu'à l'océan Atlantique.

Le mot Touâreg, d'après M. Duveyrier qui a étudié avec soin les Touâreg du nord, vient du mot arabe tarek au pluriel touâreg, qui signifie abandonné « de Dieu » sous entendu, parce que ce peuple a longtemps refusé d'adopter la religion musulmane et qu'encore aujourd'hui, il en est peu qui puissent passer pour de vrais musulmans.

Les Touâreg eux-mêmes se nomment *Imôhag* ou *Imôcharh* ou *Imâjirhen*, suivant la prononciation du nord ou du sud. Ils donnent à leur langue le nom de *temâhag* ou *temâchek* et prétendent que ces mots viennent tous d'une même racine le verbe targui *iôhagh* qui signifie libre ou pillard.

Les Touâreg se divisent en de nombreuses tribus, mais elles se rattachent presque toutes à quatre confédérations distinctes occupant chacune un territoire séparé.

Les Touâreg Azdjer habitent vers le plateau du Tosili, à l'ouest de R'hat.

Les Touâreg Ahaggar habitent le massif des monts Ahaggar, à l'ouest des précédents.

Les Touâreg Kel Ouï habitent les environs d'Aïr, plus au sud-est.

Les Touâreg Aouélimmiden habitent l'Adghagh à l'ouest des précédents.

On voit que les Touâreg occupent tout le pays que doivent traverser les caravanes qui se rendent du Maroc, de l'Algérie, de la Tunisie, de la Tripolitaine ou de la Cyrénaïque dans l'intérieur de l'Afrique. Ils sont les maîtres incontestés du désert et ils y règnent sans rivaux par cette raison qui dispense de tous les autres c'est que seuls peut-être ils peuvent y vivre. Nomades et guerriers, ils sont en possession de toutes les routes que suivent les convois. Ils connaissent le désert, ses ressources, ses dangers, ses aiguades, ses puits et tout voyageur qui veut passer est obligé de leur payer tribut.

Nous avons dit que le Targui est un nomade, et par ce mot nous entendons désigner non-seulement la situation particulière d'un peuple menant la vie errante, n'ayant pas de résidence fixe et voyageant selon ses nécessités quotidiennes, mais aussi un peuple dont par le fait même de cette situation, les mœurs, les habitudes et les coutumes ont un caractère particulier et spécial.

Nous expliquerons notre pensée en ajoutant que toute abstraction faite de leur origine, les Touâreg ont des mœurs et des coutumes qui offrent beaucoup de ressemblance avec celles des Arabes de l'Arabie qui mènent la même existence de nomades, existence qu'on ne peut guère juger ni comprendre si l'on se place au point de vue des idées européennes.

Le nomade est l'enfant de la tradition et se caractérise par l'insouciance pratique, l'amour de l'indépendance et l'hospitalité. L'amour de l'indépendance est le plus intense de ces sentiments. Le nomade préfère la misère, la faim, la mort même à l'obéissance ; celle qu'il accorde à ses chefs est volontaire, et il faut que les chefs la mérite en faisant preuve des qualités *azl* — nobles — comme disent les Arabes, le courage, la générosité et l'hospitalité. Le nomade ne s'incline ni devant le rang ni devant la richesse ; ne voulant dépendre de personne, il n'admet guère les distinctions sociales ; ayant peu de besoins, il n'attache guère d'importance à la richesse.

Chez les Touàreg, comme chez les Arabes, le brigandage n'est pas considéré comme nous le considérons en Europe aujourd'hui. C'est une sorte de maintien de l'ancien droit de guerre privée. Quand le brigandage se fait de tribu en tribu, il est rare d'ailleurs qu'il y ait mort d'homme. Le vainqueur se contente de mettre le vaincu à contribution. S'il y avait mort d'homme, il y aurait querelle de sang. La querelle de sang, d'après la coutume est le droit à la vengeance. Lorsqu'un meurtre a été commis, soit à la guerre, soit dans une rixe privée, la famille du mort jusqu'au deuxième degré, en ligne directe et en ligne collatérale, a le devoir de venger le meurtre par un autre meurtre. On tue le meurtrier de préférence, à son défaut, on prend le chef de la famille ou un de ses parents également jusqu'au deuxième degré. Une mort rachète une mort. La querelle de sang est alors éteinte. Il arrive parfois qu'un second membre de la famille injuriée est tué en essayant de se venger. L'autre famille doit deux morts. L'affaire peut durer de longues années ; il faut que l'on arrive à une balance ou que l'une des deux familles soit exterminée. La vengeance est obligatoire, la famille de la victime n'a pas le droit de s'y dérober. Le meurtre commis sur la personne d'un hôte engage la famille dans laquelle on avait offert l'hospitalité à la victime. En revanche, les étrangers sont considérés comme solidaires les uns des autres. Qu'un Européen, dans certains pays, tue un Arabe ou un Targui et s'échappe, le premier Européen qui passera fournira le talion d'un crime qu'il n'a pu ni empêcher ni prévoir et dont le récit même n'est pas parvenu jusqu'à lui. Les Turcs répondent pour les Turcs, les noirs pour les noirs, les marchands d'esclaves et les caravaniers pour les marchands d'esclaves et les caravaniers.

C'est ainsi que s'explique chez les nomades le droit de guerre de tribu à tribu ou contre les étrangers s'il y a querelle de sang. Quant au droit de dépouiller les étrangers, c'est une prérogative que la coutume accorde au nomade. Tout étranger qui pénètre sur son territoire sans son autorisation, est considéré comme un ennemi qu'on a le droit de punir en le dépouillant. Il ne faut pas trop crier à la barbarie de cette coutume. Elle existait chez les Romains. Lorsqu'on pénétrait sur leur territoire sans y posséder le droit d'asile ou d'hospitalité, on n'était pas considéré comme un ennemi, mais on était passible d'une confiscation de corps et de bien. Il n'y a pas si longtemps que ce droit n'est plus en usage en Europe. En 1803, lors de la rupture du traité d'Amiens, c'est en s'inspirant de ces principes que Napoléon fit arrêter tous les Anglais qui voyageaient ou commerçaient sur le territoire français. On se montrerait peut être sévère en qualifiant de barbares les mœurs des nomades.

On pourrait écrire de longues pages sur ce sujet, mais nous n'avons pour but que de compléter les renseignements que nous avons donnés sur les routes qui mènent de Tripoli au Soudan, par quelques notes sur les maîtres du désert. Si les Touâreg considèrent donc comme un droit d'attaquer les caravanes qui traversent leur territoire sans sauf-conduit, ils sont en revanche d'une honnêteté absolue envers celles qui se mettent sous leur protection. On peut se fier aveuglément à la parole d'un chef targui, après avoir acquitté en ses mains le prix convenu pour la liberté du passage et la défense personnelle.

Les Touâreg sont organisés en castes ; il y a les nobles et les serfs. Les nobles ne se livrent à aucun travail manuel. La guerre, la protection des caravanes, la chasse, la direction des intérêts de la tribu occupent leur temps. Pour les serfs, ils ne possèdent aucun droit politique, mais on les autorise à posséder des biens de toute nature et à en disposer à condition de payer, à ceux dont ils relèvent, un droit annuel fixé par la coutume. Il faut ajouter que comme aux origines de la féodalité, le serf est lui-même regardé comme une propriété qu'on peut vendre, échanger ou léguer en héritage.

La femme targuie jouit d'une grande influence. Elle vit sur un pied d'égalité presque complète avec l'homme. On l'instruit et on la laisse généralement libre d'accepter ou de refuser le mari qu'on lui propose. Une fois mariée, elle dirige son ménage mais n'est que rarement astreinte aux travaux pénibles des femmes arabes. Ce sont les femmes qui dirigent l'éducation des enfants ; elles parviennent à obtenir de l'influence même en matière politique et administrative. M. Henri Duveyrier cite le cas d'une tribu targuie, celle d'El Fogar, qui avait à sa tête une femme, une Cheikha.

Les Touàreg, ceux du nord comme ceux du sud, appartiennent à la race blanche. Dans les Touâreg d'Aïr, on trouve cependant quelques traces de mélange de sang nègre, mais dans le nord la race s'est conservée absolument pure. Ce sont des hommes grands, minces, agiles et robustes, d'une énergie et d'une résistance à la fatigue qui tient du prodige. Un targui part pour une expédition, seul, dans le désert des dunes, monté sur son méhari et muni d'une outre d'eau et d'un sac de dattes ou de farine pilée avec des dattes. Il fait ainsi des courses de sept ou huit jours, sans presque s'arrêter, sans manger autre chose que sa maigre provision qu'il partage encore avec sa monture. Il parcourt ainsi plus de cent kilomètres par jour. Si vers la fin de sa course sa provision d'eau est épuisée, s'il ne peut plus serrer sa ceinture de cuir pour faire taire son estomac, notre targui descend, avec son couteau il ouvre une veine de son dromadaire, boit une gorgée de son sang, cautérise la piqûre, y met un peu du goudron dont la bête est garnie pour la préserver des insectes et remonte sur sa selle pour reprendre sa course folle. Qui donc pourrait obliger de tels hommes à courber la tête sous un joug ?

Le Targui qui n'a que de rares occasions de se procurer de la poudre est resté longtemps réfractaire à l'usage des armes à feu. En revanche quand il part en expédition, il emporte avec lui un véritable arsenal.

Un arc et des flèches à pointes barbelées, un long javelot, une lance, une longue et solide épée, un crochet, un fléau ayant au bout une masse de fer, un poignard attaché au bras gauche, tel est l'appareil formidable dont se munit le Targui dans ses ghaswa. Si l'on joint à cela une vigueur d'athlète, une souplesse de clown et un courage que rien ne saurait émouvoir ni ébranler, on aura une idée de la terreur que ces chevaliers errants du Sahara inspirent aux marchands. Seuls, les vrais caravaniers aussi forts, aussi braves et infiniment mieux armés, peuvent lutter avec avantage contre les Touâreg, même en nombre inférieur, mais en gens pratiques ils préfèrent traiter, d'autant plus que les exigences des seigneurs du désert ne sont pas exorbitantes. Un voyage tranquille vaut mieux qu'un combat douteux. D'ailleurs le Targui n'a pas besoin de recourir à la lutte ouverte pour triompher, il lui suffit de s'emparer de quelques puits et la caravane est à sa discrétion.

Le maréchal Randon qui fut un des gouverneurs les plus intelligents et les plus capables que l'Algérie ait eu à sa tête, avait bien compris l'importance des Touâreg comme protecteurs des caravanes. En 1855 et 1856, il songea à conclure avec leurs principaux chefs un traité qui put les lier à la France, en les attachant à la fortune des caravanes partant du sud de l'Algérie, et conquérir ainsi le commerce de l'intérieur.

Avec une patience et une habileté à laquelle on ne saurait trop rendre hommage et malgré les difficultés sans nombre dont les plus graves étaient certainement celles que suscitait la mauvaise volonté des Arabes, le maréchal Randon, aidé du général Margueritte, parvint à décider au mois de janvier 1856 quatre chefs touâreg importants à venir à Alger.

Ce fut le premier pas. Une fois les premiers Touâreg apprivoisés, d'autres se laissèrent plus facilement aller à accepter l'hospitalité française, et des chefs touâreg franchirent même la mer pour aller rendre visite à l'Empereur Napoléon III.

Les pourparlers pour un traité se poursuivirent pendant plusieurs années et ce ne fut que le 26 novembre 1863 que les signatures furent échangées à R'hadamès entre les chefs touâreg et le lieutenant colonel Mircher, représentant le maréchal Pellissier alors gouverneur de l'Algérie.

Le texte de ce traité est curieux à citer.

ARTICLE 1er. — Il y aura amitié et échange mutuel de bons offices entre les autorités françaises et indigènes de l'Algérie ou leurs représentants et les chefs des différentes fractions de la nation touâreg.

ART. 2. — Les Touâreg pourront venir librement commercer des différentes denrées et produits du Soudan et de leurs pays sur tous les marchés de l'Algérie, sans autre condition que d'acquitter sur ces marchés les droits de vente que paient les produits semblables du territoire français.

ART. 3. — Les Touâreg s'engagent à faciliter et à protéger à travers leur pays et jusqu'au Soudan, le passage tant à l'aller qu'au retour, des négociants français où indigènes algériens, et de leurs marchandises, sous la seule charge par ces négociants d'acquitter entre les mains des chefs politiques, les droits dits coutumiers, ceux de location de chameaux et autres conformément au tarif ci-annexé, et lequel recevra de part et d'autre la publicité nécessaire pour prévenir les contestations.

Art. 4. — Le gouvernement général de l'Algérie s'en remet à la loyauté, à la bonne foi et à l'expérience des chefs touâreg pour la détermination des routes commerciales les plus avantageuses à ouvrir au commerce français vers le Soudan, et comme témoignage de son bon vouloir envers la nation touâreg il fera volontiers, lorsque ces routes seront bien fixées, les frais de leur amélioration naturelle au profit de tous, soit par des travaux d'art, soit par l'établissement de nouveaux puits ou la remise en bonne condition de ceux qui existaient antérieurement.

Ce traité, nous le répétons, a été signé à R'hadamès le 26 novembre 1863. En 1887 au moment où s'écrivent ces lignes, on peut se demander qui le connaît parmi les hauts fonctionnaires de l'Algérie.

Les Touâreg ont une coutume singulière ; ils sont généralement voilés, c'est-à-dire qu'ils portent sur la figure une étoffe de couleur sombre habituellement bleue qu'ils ne quittent jamais et ne font que soulever pour manger. Voile se dit en arabe *lithâm*, aussi les appelle-t-on A*hel el lithâm* les gens du voile.

Les femmes ne se couvrent pas le visage, mais les hommes ne quittent même pas leur voile pour dormir et croiraient manquer aux convenances s'ils découvraient leur figure devant un étranger. Plus le Targui appartient à la race pure et à l'aristocratie, plus son voile est foncé ; les voiles clairs et blancs sont réservés à ceux qui ont du sang nègre dans les veines.

Pourquoi les Touâreg portent-ils un voile ? nous n'en savons rien. Les écrivains ont beaucoup écrit à ce sujet, mais les hypothèses ne prouvent généralement que la fertilité de l'imagination de leurs auteurs. Tout ce que nous pouvons dire à ce sujet, c'est qu'à Timbouctou et surtout dans le pays d'Araouan, dans le Soudan de l'ouest, pays qui est habité par beaucoup de tribus Touâreg, l'usage des voiles est presque nécessaire à cause de la fréquence des ouragans de sable brûlant.

Le docteur Lenz qui a traversé cette région dit à ce propos :

Une heure avant le début de ce *djaoni*, nom donné aux ouragans de sable dans le Sahara, on voit au sud d'épais nuages jaunes s'assembler lentement, l'air devient plus ardent et on se sent inquiet, même les chameaux sont agités. Mais quand l'ouragan se déchaîne, il est nécessaire de faire coucher les animaux, le dos couché contre le vent, les hommes se calfeutrent étroitement dans leurs vêtements et *couvrent leur visage aussi complètement et aussi hermétiquement* que possible, le tout en vain : on n'a plus qu'à laisser passer la fureur de la tempête embrasée. En général, le véritable ouragan ne dure pas plus de dix minutes dans le djaoni ordinaire, que nous avions à supporter à Araouan presque tous les jours vers quatre heures.

On comprendra, sans avoir besoin d'aller chercher des explications dans les légendes, que, dans un pays où à peu près tous les jours on est obligé de s'envelopper la tête pour s'abriter du sable lancé par l'ouragan, l'usage d'un voile soit devenu habituel.

Quelle est la religion des Touâreg ? Sous ce rapport les opinions sont différentes comme sur tout ce qui concerne ce peuple. Officiellement, si on peut s'exprimer ainsi, les Touâreg sont musulmans, mais leurs pratiques diffèrent sur une foule de points de celles des autres musulmans. Ils ont eu beaucoup de peine à se soumettre, même en apparence, à loi de l'Islam, la plupart d'entre eux se refusent à faire la profession de foi, ils ne font presque jamais les prières réglementaires, et nous avons vu dans l'itinéraire des caravanes de Tripoli au Soudan que le chef targui qui servait de *chabir* — guide — à la caravane, avait avec lui une pierre cousue dans un étui en peau qu'on lui apportait chaque matin, qu'il portait à son front et sur laquelle il frottait sa figure. Ces pratiques le faisaient considérer comme un simple *kaffir* — idolâtre — par les bons musulmans qui formaient l'état-major des caravaniers.

D'ailleurs, en ce qui concerne la religion comme les lois et les usages, il ne faut pas oublier que le Targui est un nomade, et que pour le nomade il est une chose qui domine tout, la théologie aussi bien que la loi et les actions aussi bien que la pensée, c'est la coutume. La coutume vient on ne sait d'où, nulle écriture ne l'a jamais fixée, c'est le résultat de l'expérience conservée par la tradition. Le Targui suit sa coutume comme le Bédouin du Nedjed ; ce n'est pas tout à fait la même, mais elle s'en rapproche par bien des points. Pour le nomade du Sahara comme pour celui de la péninsule arabique, ce que la coutume déclare bon est le bien, ce qu'elle déclare mauvais c'est le mal. Le Bédouin n'est d'ailleurs guère plus musulman en la forme que le Targui. S'il ne boit pas de vin, s'il s'abstient de manger certaines viandes, il obéit à la coutume et non aux prescriptions du Koran. Il y a, il est vrai, ces prescriptions dans le Koran, mais sur beaucoup de points le Koran s'est borné à enregistrer la coutume, il ne l'a pas créée et rarement contredite ; s'il l'avait fait, les nomades de l'Arabie ne l'eussent peut-être jamais accepté.

Mais, nous le répétons, il n'est presque pas possible à un Européen de juger le nomade. Il y a entre eux non seulement une dissemblance telle qu'ils ne pourront jamais se comprendre, mais encore comme une sorte de haine de race. Cette haine remonte d'ailleurs aux premiers hommes. Abel qui représente la race nomade a été massacré par Caïn qui représente la race industrielle. Depuis ce temps les deux races ont suivi des chemins différents et ne se sont point réconciliées.

Non seulement les Touâreg ne pratiquent la religion musulmane que d'une façon très approximative, mais encore ils n'en suivent pas les prescriptions au point de vue législatif. Ils ont comme les Kabyles des *kanoums* — règles de droit — qui sur plusieurs points diffèrent du Koran, et ils en appliquent entre eux les prescriptions. Ils adorent le Dieu unique mais ils l'appellent Amanaï, nom qui rappelle singulièrement l'Adonaï biblique. Ce n'est pas d'ailleurs la seule trace qu'ils aient conservé d'une origine ou tout au moins d'un commencement de civilisation asiatique.

Quelle est l'origine des Touâreg ? Sur ce point il serait facile de faire de l'érudition à peu de frais, en répétant seulement ce qui a été écrit par les écrivains, les archéologues, les ethnologistes qui se sont occupés de ce sujet.

La plupart des savants sont d'avis que les Touâreg comme les Kleïbes, que nous appelons Kabyles, appartiennent à la race des Berbères, mais c'est là déplacer la question plutôt que la résoudre, puisqu'il faut se demander ensuite l'origine des Berbères.

Le géographe allemand Karl Ritter, se basant sur certaines similitudes d'usage et aussi sur certaines ressemblance de mots, suppose que les Berbères sont originaires de l'Inde et sont venus en Afrique à une époque indéterminée en passant par l'Arabie et l'Égypte.

Les Touâreg ont une écriture particulière que M. Henri Duveyrier et plusieurs autres savants croient être l'ancienne écriture phénicienne. Cette écriture, disent d'autres érudits, est semblable à celle que l'on trouve sur des inscriptions découvertes dans l'Amérique du Nord. Sur cette similitude, lesdits savants ont pensé que les Berbères n'étaient autres que les descendants des antiques Atlantes, qu'ils étaient de la même race que les

Guanches qui peuplaient jadis les îles Canaries, et que ce sont eux qui avant la destruction de l'Atlandide avaient peuplé cette partie du monde que Christophe Colomb a retrouvée.

Nous ne sommes ni assez savant ni assez amateur d'hypothèses pour soutenir l'une ou l'autre de ces assertions et encore moins en présenter de nouvelles. Nous nous bornerons à émettre une simple observation.

Un fait particulier sur lequel tout le monde est d'accord c'est la vénération particulière que les Touâreg professent pour la figure de la croix à quatre branches égales. On voit des croix brodées aux coins de leurs boucliers, gravées sur leurs armes ; plusieurs de leurs femmes portent des croix en tatouage. Il est évident que ce signe a pour eux une importance considérable, soit comme symbole, soit comme tradition.

Des catholiques, et parmi eux un homme connaissant bien l'Algérie, l'ancien curé de Laghouat, qui même avant M. Henri Duveyrier a publié d'intéressants travaux sur les Touâreg dans la *Revue de l'Orient*, en 1862, ont cru pouvoir expliquer cette tradition en supposant qu'avant l'invasion musulmane, les Touâreg étaient chrétiens et qu'ils ont conservé la croix comme une tradition de leurs pères, tradition dont ils ont eux-mêmes oublié l'origine.

Cette opinion nous semble difficile à admettre. Si les Touâreg avaient été bons chrétiens à une époque quelconque, ils auraient conservé de leur culte un souvenir plus précis que la simple coutume de graver des croix sur les objets dont ils se servent. Depuis près de mille ans, l'Islamisme ne les a pas encore bien pénétré et ils ont conservé des usages religieux antérieurs à son apparition ; ils auraient aussi bien conservé le souvenir des préceptes et des cérémonies du christianisme.

Pour nous, la croix qu'arborent les Touâreg est bien plus ancienne que celle qu'arbora Constantin sur le labarum, c'est tout simplement le sfaxira de l'Orient, le grand emblème asiatique.

On sait que le sfaxira est une croix à quatre branches égales, chacune pattée d'un côté seulement et toutes dans le même sens. On trouve fréquemment cet emblème dans les mosaïques tyréennes et carthaginoises, et pendant bien des années les archéologues ont discuté sur sa signification.

Cette signification nous a été révélée par un homme qui connaît aussi bien que personne l'archéologie phénicienne et carthaginoise, mais à qui, dans cette circonstance, ses connaissances spéciales en cette matière n'ont pas été d'un grand secours.

Nous voulons parler du comte d'Hérisson qui fit vers 1882 ou 1883, des fouilles fructueuses sur l'emplacement où fut Carthage et rapporta après avoir creusé à des profondeurs considérables de très beaux spécimens de l'art carthaginois. Parmi les mosaïques trouvées par M. d'Hérisson, s'en trouvaient un certain nombre représentant le sfaxira, et c'est de lui que nous tenons l'explication de cet emblème.

Le sfaxira existe encore chez diverses peuplades de l'Inde, c'est un instrument à quatre branches en croix qui fait tourner une tige centrale servant à allumer par le frottement le feu sacré. Quelques copeaux de bois très sec sont placés dans une cavité pratiquée dans un autre morceau de bois, et les prêtres du feu emploient le procédé classique prêté aux sauvages pour faire jaillir la flamme, emblême de la divinité.

Pour nous, la croix des Touâreg n'est autre que le sfaxira asiatique. Nous ne pensons pas que cette supposition puisse trancher la question de l'origine de ce peuple, mais elle peut servir de point de départ à des observations dont l'ensemble finira par former un faisceau de preuves suffisantes. Quelle que soit l'origine des Touâreg, ce peuple n'en a pas moins aujourd'hui une importance politique et commerciale de premier ordre. Entre ses mains sont les clefs du Soudan par les routes du Nord ; selon que les Touâreg seront définitivement conquis à l'Islam ou qu'ils accepteront l'influence chrétienne, le Soudan sera ouvert ou fermé à toute caravane européenne et même à tout voyageur partant de la Méditerranée.

Les Snoussya, ces infatigables pionniers de l'Islam, le savent bien, aussi font-ils tout ce qu'ils peuvent pour conquérir les Touâreg.

Ils multiplient les zaouias, facilitent le pèlerinage, les voyages, les affaires à ceux qui se rallient à leur croyance, mais ils ont grand peine à réussir. Le Touâreg est un nomade, et, que ce soit en religion ou en morale, le nomade ne connait que la coutume.

Du côté de la France, on n'a rien fait depuis le traité signé à R'hadamès en 1863, entre les chefs touâreg et le gouverneur général de l'Algérie. Nous avons seulement donné aux juifs des droits équivalents aux nôtres, et par là nous nous sommes mis au rang des juifs aux yeux des Musulmans et des Touâreg.

Or les juifs sont honnis et méprisés dans le pays targui. René Caillé, dans son voyage à Timbouctou, nous a présenté un tableau vraiment navrant de la situation faite aux israélites, que l'espoir de gagner quelques douros conduit dans les villages du Sahara. Les chiens sont infiniment mieux traités qu'eux. On doit juger de l'influence que le décret de M. Crémieux nous a donné sur ces populations.

Si jamais les Touâreg pouvaient être enlevés par quelque prophète à la parole entraînante et jetés sur nos colonies d'Afrique, comme les Bédouins du Nedjed furent jetés par Omar sur les plaines de la Syrie, il ne faut pas se dissimuler que la situation serait grave. Nous avons déjà signalé ce danger dans un travail sur les associations religieuses musulmanes, nous appelons à nouveau l'attention sur lui. Il se forme en Afrique un gros nuage ; malheur à nous si nous ne savons le conjurer.

L'ISLAM EN AFRIQUE

CHAPITRE PREMIER

LA PROPAGANDE MUSULMANE

LA PROPAGANDE MUSULMANE. — LA VITALITÉ DE L'ISLAM.

Il n'est pas possible de s'occuper de l'Afrique du nord sans parler de l'Islamisme. La question religieuse et la question politique ne font qu'une pour tous les disciples de Mahomet. Or, depuis une cinquante d'années surtout, le nombre des Musulmans s'est accru en Afrique dans des proportions incroyables. La plupart des peuples de la partie du continent africain située au nord de l'équateur, reconnaissent la religion du prophète. Ceux-là même qui ont conservé leurs superstitions locales ou les traces de leur fétichisme d'autrefois, se font une gloire de se proclamer Musulmans.

Ils attachent même une certaine vanité à laisser croire que les croyances musulmanes sont depuis longtemps en honneur chez eux. La plupart des esclaves amenés du Soudan et capturés chez des idolâtres avérés, prétendent que dans leur pays d'origine, on adorait le Dieu unique du Koran.

Les Touâregs eux-mêmes, que les pèlerins et les missionnaires musulmans n'ont pu encore convertir absolument, ont déjà fait la moitié du chemin. Beaucoup d'entre eux récitent volontiers la profession de foi musulmane, et il est certain qu'ils manifestent infiniment plus de sympathie pour les Musulmans que pour les chrétiens ou pour les fétichistes.

Nous avons parlé dans un autre ouvrage (1), des confréries religieuses musulmanes et de leur influence considérable, non seulement en Afrique, mais dans tous les pays ou le Koran est le livre saint. Nous avons montré quel péril ces associations faisaient courir et feraient courir un jour

---

(1) La Tunisie. — Le Christianisme et l'Islam dans l'Afrique septentrionale. Paris, chez Challamel aîné, 1886 — in 12.

aux colonies européennes installées sur la côte septentrionale de l'Afrique. Ce péril est connu par tous ceux qui ont étudié de près l'Algérie et la Tunisie.

Mais derrière ces confréries religieuses, derrière cette avant-garde qui marche la première contre l'envahissement des chrétiens, il ne faut pas oublier qu'il se trouve une foule immense, presque innombrable de Musulmans aussi croyants, sinon aussi surexcités que les Khouans; un peuple qui s'accroît chaque jour, chez lequel les idées religieuses sont aussi vivaces qu'aux premiers siècles de l'Hégire, qu'on n'a jamais pu convertir, ni par la persuasion ni par la force et qui se lèvera comme un seul homme le jour où tous ses fils penseront que leur croyance est menacée.

Ce serait une erreur absolue, en effet, que de croire comme le disent certains écrivains européens qui ne connaissent l'Islamisme que pour avoir rencontré quelques turcs débauchés dans les grands restaurants de Paris, de Londres ou de Berlin, ce serait une erreur absolue, de croire que l'Islamisme se meurt.

La Vitalité de l'Islam

Ce n'est pas davantage dans nos villes du littoral de l'Algérie, dans les grandes cités d'Egypte ou de Syrie et encore moins peut-être à Constantinople, qu'on peut se rendre compte de la vitalité de la doctrine et de la foi de ses sectateurs.

Le peuple musulman, et tous ceux qui ont vécu longtemps dans son intimité sont unanimes à le reconnaître, méprise profondément ces prétendus réformateurs qui, sous prétexte de s'affubler d'une civilisation qu'ils ne comprennent généralement pas, cherchent à montrer du dédain pour leur religion.

Ces tristes exemples n'ont en rien affaibli les croyances des peuples musulmans. Il n'y a certainement pas plus d'incrédules ou d'indifférents aujourd'hui qu'il n'y en avait aux premiers siècles de l'Islam. Si cet esprit religieux qui fit de si grandes choses ne se révèle plus avec cet éclat superbe qu'il eût si longtemps, c'est que les Musulmans manquent de chef. Le jour où ils en auront un, on verra qu'ils n'ont point dégénéré.

On comprend dans ces conditions, l'intérêt qui s'attache à l'étude de l'Islam, spécialement en Afrique où la ferveur religieuse s'est particulièrement développée depuis un siècle, où les confréries religieuses se sont multipliées et où les conversions ont accru dans des proportions formidables le nombre des Musulmans.

CHAPITRE II.

LA DOCTRINE MUSULMANE

LA DOCTRINE MUSULMANE. — LE KORAN. — LES PRESCRIPTIONS MUSULMANES. — LA PRIÈRE. — LE PÈLERINAGE. — L'AUMÔNE. — LES INTERDICTIONS.

En France et même en Algérie, le public ne connaît pour ainsi dire pas les grandes lignes de la religion musulmane. Les livres sérieux où elles ont été étudiées sont peu lus et les journaux, par lesquels se fait, généralement hélas, l'instruction des masses, ont répandu à ce sujet les erreurs les plus ridicules.

Ce n'est donc peut-être pas une œuvre inutile que de retracer ici, le plus brièvement et le plus clairement possible, l'exposé de la doctrine et des préceptes de la religion musulmane.

L'Unité de Dieu est le dogme fondamental de l'Islamisme.

Ce Dieu n'a ni fils ni père, ni égaux; sans forme matérielle, il n'a pas eu de commencement et n'aura pas de fin ; il connaît le passé et l'avenir ; arbitre de nos destinées il a établi le bien comme règle ; il permet que le mal existe, mais ceux qui le commettent sont punis comme ayant transgressé la loi.

La pensée de Dieu et l'expression qui la consacre sont éternelles comme lui-même. Le Koran a été révélé à un prophète à une certaine époque, mais ses doctrines incréées et éternelles n'ont pas eu pour commencement le moment où, pour la première fois, elles ont été présentées aux hommes.

Dieu créa le monde en six jours et tira Adam du limon de la terre pour être adoré par lui. Adam fut le premier homme et le premier prophète visible. Réunies dans Adam et comme en germe, toutes les âmes humaines rendirent hommage à Dieu et embrassèrent l'Islamisme. Dieu plaça la race humaine au-dessus des génies et des anges à l'exception de Michel, Gabriel, Israfil et Azrael. Un ange rebelle, Eblis, qui refusa de se prosterner devant Adam fut précipité dans l'Enfer. Dans sa reconnaissance Adam éleva à Dieu, au centre de la terre, le temple de la Kaaba placé exactement au-dessous du *Beit-mamour* qui sert d'oratoire aux anges.

Un grand nombre de prophètes apparurent après Adam. Les principaux furent Noé, Abraham qui rebâtit la Kaaba, Joseph, Koud qui fut le prophète du peuple d'Ad, Saleh qui fut le prophète des Thémoudéens, Moïse à qui Dieu accorda le Pentateuque, David à qui il donna le livre des Psaumes, Salomon qui éleva à Dieu un temple et à qui furent soumis en récompense les génies et les oiseaux, Elie, Jonas, Esdras, Yaya (St-Jean-Baptiste).

A Jésus, Dieu révéla l'Evangile ; ce prophète né de la vierge Marie par l'action d'un soufle divin fut conçu sans péché ainsi que sa mère. Les Juifs voulurent mettre Jésus à mort, mais Dieu les fit se tromper et lui substitua Judas. Jésus fut comme Elie enlevé vivant au ciel. Il en redescendra au dernier jour pour tuer l'antechrist — *dedjal* — et juger les vivants et les morts. Une tradition musulmane veut que Jésus pour ce jugement aille s'asseoir à Damas sur le minaret de la célèbre mosquée des Ommiades.

Les Juifs et les Chrétiens avaient altéré les textes du Pentateuque, des Psaumes et de l'Evangile ; ce dernier livre avait annoncé la venue du Paraclet. Le Paraclet est venu, il fut le plus grand et le plus glorieux des prophètes. Les signes auxquels on devait le reconnaître se retrouvent dans celui dont le nom sur la terre fut Mohammed-ibn-Abdallah el Achemy, de la race des Koreischites et descendant d'Ismaël.

Il est certainement inutile de raconter, même en abrégé, la vie de Mahomet, nous nous bornerons à dire quelques mots du Koran.

<small>Le Koran.</small> Le Koran est divisé en 114 sourates ou chapitres, de dimensions fort inégales. Il renferme 6.660 versets —*ayat.*— On distingue parmi eux, ceux qui n'ont rapport qu'au dogme et ceux qui traitent de la morale et des lois.

Le trente-sixième chapitre est considéré comme le cœur du Koran — *Qalb el Kouran.*— On le récite au chevet des agonisants et à l'intention d'un mort dont on veut délivrer l'âme du purgatoire.

Le premier chapitre qui ne compte que sept versets est celui qui est le plus fréquemment récité. Il est peu d'actes de l'existence où un pieux musulman ne le répète, on l'appelle *El Fatha*, « l'ouverture ». Les chapitres les plus courts sont ceux qui sont le plus souvent répétés dans les diverses circonstances de la vie. Celui qui sait tout le Koran et qui peut le dire par cœur, a le droit de s'intituler *hafiz* « qui a de la mémoire ». Le Koran est la base de la religion et du droit, ses prescriptions précises sont d'obligation stricte ; quant à celles qui sont moins nettement déterminées, et dont le sens n'a été fixé que par les théologiens des premiers siècles, leur infraction ne constitue qu'une faute secondaire.

La profession de foi musulmane est courte : *La ilaha il'Allah ou Mohammed rassoul Allah.* « Il n'y a de Dieu que Dieu et Mohammed est le prophète de Dieu. »

Une autre plus complète est conçue en ces termes :

« Je crois en Dieu, en ses anges, en ses livres, en ses prophètes, au jugement dernier et à la prescience éternelle de Dieu en ce qui concerne le bien et le mal. »

Cette dernière phrase est à remarquer, car contrairement à ce que supposent beaucoup d'Européens qui ne connaissent pas l'Islam, cette religion admet le libre arbitre et professe même à cet égard une opinion que bien des théologiens catholiques ne désavoueraient pas. « Si quelqu'un dit un fetwa du grand mufti de Constantinople, que cite Mouradgea d'Ohsson, nie le libre arbitre chez l'homme et donne Dieu pour l'auteur de toutes les actions de la créature, il doit être considéré comme apostat, renouveler sa profession de foi et la cérémonie de son mariage. S'il persiste dans son infidélité, il est digne de mort. »

Le Koran enseigne que la foi est plus puissante que les œuvres. Les peines éternelles sont réservées aux infidèles. Le purgatoire est réservé aux musulmans coupables qui y expieront leurs fautes.

Le paradis est ouvert à ceux dont l'âme est exempte de souillures ou qui ont racheté leurs péchés par la prière, la pénitence ou le martyre.

Le bonheur suprême des élus dans le ciel — *firdous* — sera la contemplation de Dieu. Les jardins célestes — *djennet* — les houris ne sont que des figures comme l'indique le deuxième chapitre du Koran. *Sourat el Bagarat* « la vache » qui, (ayat XXIII) dit après l'énumération de ces dernières délices « C'est ainsi que Dieu ne dédai-
« gne pas d'employer comme terme de compa-
« raison, les objets les plus vulgaires, même un
« moucheron. Les croyants savent que c'est la
« vérité qui vient du Seigneur, mais les infidèles
« disent : Qu'est ce donc que Dieu a voulu nous
« dire en nous offrant cela comme objet de com-
« paraison. Par de telles paraboles, il égare les
« uns et dirige les autres. Non il n'y aura d'éga-
« rés que les méchants (1). »

---

(1) Le Koran, traduction de Kasimirski.

Il existe sept enfers et huit cieux. Dans le huitième ciel, se trouve *el arch* « le trône de Dieu. »

Aussitôt après sa mort l'homme est interrogé par deux anges Monker et Nekir, qui lui posent les questions suivantes :

« Quel est ton Dieu, ton culte, ton livre, ton prophète, ta *Kibla* « direction dans la prière ».

Le musulman répond :

« Mon Dieu est le Dieu unique, mon culte l'Islam, mon livre le Koran, mon prophète Mohammed, ma Kibla la noble Kaaba. »

Parmi les dogmes de l'Islam on en trouve plusieurs que possède également le christianisme, tels que la foi aux indulgences, celle en l'intercession des saints, la croyance aux anges gardiens.

Les Prescriptions musulmanes

Cinq grands devoirs sont imposés par l'Islam :
La profession de foi.
La prière.
L'aumône du dixième de son revenu.
Le jeûne du Ramadan.
Le pèlerinage de la Mecque.

La Prière

Nous avons donné le texte de la profession de foi. Quant à la prière, elle peut se faire partout, pourvu que le sol soit propre. Elle a lieu cinq fois par jour et l'origine en est attribuée à cinq prophètes.

La première, Salah el fadjr à Adam.

La deuxième, Salah el dhohr à Abraham.

La troisième, Salah el asr à Jonas.

La quatrième, Salah el moghreb à Moïse.

La cinquième, Salah el acha à Jésus.

La prière du vendredi doit se faire en commun. Elle ne peut avoir lieu que dans une ville, sous la présidence d'un délégué du souverain, quel que soit son rang. Elle exige, selon les rites, la présence d'un certain nombre de fidèles dont la réunion constitue l'Assemblée — *Djemâ* — Elle doit se faire à midi.

Un musulman voyageur, c'est-à-dire qui ne doit pas résider plus de quinze jours dans le même lieu, ou qui se trouve dans un pays gouverné par des infidèles, est à la rigueur dispensé de la prière du vendredi.

La prière, aussi bien que la lecture du Koran, exige l'état de pureté. Pour y arriver, le musulman doit prendre un bain ou procéder à une ablution; à défaut d'eau l'ablution peut se faire avec le sable.

Ces prescriptions qui sont d'ailleurs accomplies par tous les musulmans, prouvent que leur religion ne mérite pas le reproche de sensualisme que lui adressent beaucoup de gens qui ignorent les obligations de l'Islam.

C'est un spectacle vraiment imposant que de voir la prière dans une mosquée. Avant d'y pénétrer, les fidèles doivent dépouiller les vêtements somptueux et les ornements de la vanité. Une mosquée est avant tout le temple de l'égalité; qui donc oserait se dire grand, devant le Dieu unique.

Ils sont là, rangés en lignes régulières, sans distinction de rang, de naissance ou de fortune; le maître à côté du serviteur, le général à côté du soldat, le modeste employé à côté du vizir, tous debout les pieds déchaussés, le corps purifié par les ablutions, concentrés, impassibles, détachés de toute préoccupation extérieure, dans un temple absolument nu. Ils prient et de temps en temps, l'un d'eux, levant les yeux vers la voûte, prononce d'une voix grave et convaincue l'invocation traditionnelle : *Allah akhbar*. — Dieu est grand.

Le pèlerinage de la Mecque est une des obligations imposées aux Musulmans qui a le plus contribué à maintenir l'unité de la doctrine. En l'établissant, Mahomet n'avait fait d'ailleurs qu'obéir à la tradition si puissante chez les peuples auxquels ils s'adressait. *Le Pèlerinage*

De toute antiquité, la Mecque avait été un centre d'attraction. Les Arabes, avaient pour coutume de s'y rendre périodiquement pour assister à des joutes littéraires et poétiques dont les vainqueurs recevaient des prix. En outre, la Mecque était la métropole de l'idolâtrie arabe et il était important pour le fondateur de la nouvelle religion, de mettre un obstacle infranchissable à une réaction éventuelle en faveur des anciens dieux. Pour arriver à ce résultat, Mahomet fit de la Mecque le berceau de l'Islam, le foyer de son unité, et il décida qu'une fois dans leur vie, les Musulmans devaient accomplir le pèlerinage. Toutefois, ce voyage n'est obligatoire que pour ceux qui ont les moyens de pourvoir aux dépenses de la route. Les fidèles, doivent autant que possible, se trouver réunis dans la ville sainte vers l'*iid el kébir* qui tombe le dixième jour du mois de *Zoul hadj*.

Les pèlerins doivent être majeurs et jouir d'une bonne santé. Avant de partir, ils doivent régler leurs affaires domestiques, payer leurs dettes et assurer l'entretien de leur famille pendant un an. L'argent qui doit servir au pèlerinage doit provenir d'une source licite. Le pèlerin doit abjurer tout sentiment de haine ou de vengeance.

S'il s'est rendu coupable de torts, il doit les réparer; s'il a des ennemis, il doit se réconcilier avec eux. Durant le voyage, il lui est prescrit d'être généreux, bon, compatissant envers chacun et de s'abstenir de toutes querelles ou disputes.

Ceux qui se sont acquittés du voyage trouvent une récompense, même en ce monde, pour leur acte de foi. Ils portent le titre de *Hadji* « pèlerin » ou comme disent certains auteurs, citoyen du Hadj ou Hedjaz, et jouissent d'une considération d'autant plus grande que leur pays se trouve lui-même plus distant de la Mecque et que les obstacles dont ils ont dû triompher pour y parvenir, ont été plus grands.

En outre, il règne entre tous les Hadji une confraternité réelle, résultat sans doute des initiations spéciales auxquelles ils ont été soumis dans la ville sainte et qui forme entre eux une de ces associations tacites qui ne constituent pas une confrérie, à proprement parler, mais qui établissent des liens de confiance et de cohésion religieuse que rien ne saurait rompre.

Il en était jadis ainsi en Occident, quand les catholiques plus fervents qu'aujourd'hui, bravaient des dangers et des fatigues qui n'existent plus, pour aller prier sur le tombeau du Christ. Ceux qui avaient couru les mêmes aventures, qui avaient subi les mêmes mauvais traitements, se considéraient aussi comme des frères et le fait d'avoir accompli le même pèlerinage établissait une sorte de parenté mystique.

Aujourd'hui nous ne comparerons pas le chiffre des pèlerins chrétiens à Jérusalem à celui des pèlerins musulmans à la Mecque. Ce sont là des appréciations qui sortiraient du cadre de cette étude.

L'Aumône

Avec le pèlerinage qui constitue un principe de cohésion, vient dans l'Islam l'aumône obligatoire qui constitue un principe de relation.

L'aumône est en effet l'un des devoirs les plus nettement tracés par la religion musulmane. Elle est comme nous venons de le dire, obligatoire pour les riches. Le taux en est fixé au dixième de leurs revenus ou, s'ils sont marchands, de leurs bénéfices.

A maintes reprises le Koran est revenu sur cette nécessité de l'aumône.

« Rends à tes proches ce que tu leur dois, fais l'aumône aux pauvres, aux voyageurs. XVII. *Le voyage nocturne* — 28.

« N'use point de violence envers l'orphelin. Garde-toi de repousser le mendiant. — XCIII. *La matinée* — 9, 10. »

« N'ayez que des paroles de bonté pour tous les hommes, tenez une belle conduite envers les orphelins et les pauvres, donnez l'aumône. II. *La vache* — 77. »

« O Croyants ! faites l'aumône des meilleures choses que vous aurez acquises, des fruits que nous avons fait sortir pour vous de la terre. Ne distribuez pas en largesses la part la plus méprisable de vos biens. — Le *même*, — 269. »

« Faites vous l'aumône au grand jour ? c'est louable ! la faites vous secrètement et secourez-vous les pauvres, cela vous profitera encore davantage. Une telle conduite effacera vos péchés. Dieu sait ce que vous faites. — id. — 273. »

« Tout ce que vous aurez dépensé en largesses tournera à votre avantage. Tout ce que vous aurez distribué dans le désir de contempler la face de Dieu vous sera payé et vous ne serez point traités injustement.

« Ceux qui feront l'aumône le jour ou la nuit en secret ou en public en recevront la récompense de Dieu. La crainte ne descendra point sur eux et ils ne seront jamais affligés — idem — 274, 275 (1). »

On le voit, les préceptes sont aussi clairs et aussi précis que possible et nous aurions pu multiplier les citations. La tradition vient d'ailleurs appuyer les prescriptions du saint livre.

---

(1) Le Koran, traduction de Kasimirski.

Mahomet a dit : « L'aumône touche la main de Dieu avant d'atteindre celle du pauvre. »

« Malheur à celui qui meurt rassasié, laissant auprès de lui son voisin affamé ».

Mais pour recommander l'aumône aux riches, le Koran ne conseille pas la mendicité. On peut y lire cette phrase. « La mendicité doit être la dernière ressource de l'homme » et cette autre : « Le travail préserve de la pauvreté. O mon serviteur, agite ta main et les richesses y descendront en abondance. »

Les interdictions   Après avoir examiné quelles sont les règles que prescrit l'Islam au point de vue religieux, voyons les défenses qu'il impose à ses disciples. Elles compléteront l'étude que nous faisons de cette religion pour expliquer le progrès accompli par elle dans les populations africaines.

Les défenses de l'Islam sont peu nombreuses, elles concernent le jeu, le vin, l'emploi des flèches divinatoires, l'usage de certaines viandes et du sang des animaux, l'usure, diverses habitudes superstitieuses concernant le bétail et la coutume en usage chez les anciens Arabes d'ensevelir les filles toutes vivantes.

La défense de consommer certaines viandes telles que la viande de porc avait été déjà proclamée par Moïse. Le motif en était que le porc abandonné à lui même, cherche sa nourriture dans les immondices. Une raison analogue a fait interdire les animaux qui se nourrissent de chair; les bêtes féroces, le chien même sont impurs. Les Musulmans de l'île de Djerbah et certaines tribus algériennes mangent des chiens engraissés avec des dattes, mais ils sont considérés comme hérétiques par les vrais croyants. On ne saurait nier d'ailleurs que, dans les pays chauds particulièrement, ces défenses ne soient en parfait accord avec les lois de l'hygiène.

Moïse interdisait la graisse des animaux, l'Islam interdit seulement l'usage du sang, cette « âme des bêtes » comme dit le Lévitique (XVII). Le sang est impur parce qu'il est regardé comme l'instrument, le véhicule de la vie.

Toutes les substances dont l'ingestion peut faire perdre à l'homme l'usage de sa raison, sont considérées comme impures par les musulmans. Il n'en est aucune d'exceptées et si un homme pouvait s'enivrer en buvant du lait aigri, il devrait renoncer pour toujours à cette boisson. « Il y a dans l'usage du vin, dit le Koran, du bon et du mauvais, mais le mauvais l'emporte sur le bon. » « Le vin est le père des crimes, » a dit le prophète et il a ajouté. « Il est aussi coupable de boire du vin que d'adorer des idoles. »

Il est bon d'observer que Salomon avait déjà mis en garde contre le vin. « Le vin est moqueur, dit-il dans les Proverbes et la cervoise est mutine ; quiconque en use avec excès n'est pas sage. »

L'usage du vin est pourtant toléré pour les malades. Ajoutons que les préceptes du Koran, relatifs à l'abstention du vin et des liqueurs fortes sont trop souvent violés, surtout dans les pays où les Musulmans se trouvent avec les Européens. Les tentations sont nombreuses et les chutes fréquentes. Sous ce rapport, l'influence des Snoussya en Afrique, contribue beaucoup à ramener le rigorisme des prescriptions religieuses.

L'Islam prohibe les jeux de hasard, la danse, la musique, la reproduction par le dessin ou la sculpture des objets animés, représentation dont le résultat est souvent de rapprocher de l'idolâtrie ou d'y conduire les peuples qui l'appliquent à l'ornementation de leurs temples. C'est d'ailleurs l'application de l'ordre du Dieu de la Bible.

« Tu ne me tailleras pas d'images ! Tu ne feras aucune ressemblance de ce qui est au ciel ou sur la terre ! »

Enfin les bijoux, les ustensiles d'or ou d'argent, les vêtements brodés, les parfums, ne sont permis qu'aux femmes et aux enfants.

Le prophète a conservé l'ancienne coutume immémoriale en Orient du voile pour les femmes. Cette coutume était acceptée même du temps des premiers chrétiens, et on se souvient que saint Paul voulait que les femmes ne vinssent à l'église que la face couverte d'un voile. Les femmes du désert sont cependant la plupart du temps avec le visage découvert.

L'usure est sévèrement interdite aux musulmans, à qui le prêt à intérêt n'est pas même permis. Le jeu est absolument prohibé.

Beaucoup de docteurs musulmans proscrivent même l'emploi de la lettre de change. Cette prescription, de même que celle pour le prêt à intérêt, subit de fréquentes violations, mais les prêts usuraires sont presque inconnus entre musulmans et même de musulmans à chrétiens. La réciproque n'est pas malheureusement toujours vraie.

« L'argent que vous prêtez à usure, dit le Koran, pour le grossir avec le bien des autres, ne grossira pas auprès de Dieu. Dieu permet le commerce, mais ne permet pas l'usure — Les Grecs, XXX, — 38.

CHAPITRE III

LA LOI MUSULMANE

LA LOI MUSULMANE. — L'ÉGALITÉ. — LE MARIAGE. — LES LOIS COMMERCIALES. — LES SUCCESSIONS. — LA JUSTICE. — LA LOI CIVILE. — LA LOI CRIMINELLE. — CONCLUSION.

La Loi musulmane Nous avons dit que le Koran n'était pas seulement le guide religieux des Musulmans, mais encore leur code. Examinons le plus brièvement possible, les principales prescriptions qu'il ordonne pour l'organisation de la famille et de la Société. Ces prescriptions ont presque autant d'importance que celles qui concernent la religion, et leur étude complètera l'examen des causes qui ont amené et qui amènent chaque jour la diffusion de l'Islam en Afrique.

Le Koran pose tout d'abord le principe de l'égalité des hommes : « Tous les hommes sont égaux comme les dents d'un peigne » dit-il, mais en même temps il reconnait une hiérarchie sans laquelle aucune société ne pourrait exister. L'égalité

« Nous avons partagé les biens de la terre ; nous avons établi les rangs qui distinguent les hommes, qui les élèvent, qui les abaissent, qui donnent à l'un la supériorité, prescrivent à l'autre l'obéissance. — *Ornements d'or*, XLIII, — 31.

Malgré ces paroles, l'égalité a toujours été pratiquée chez les Musulmans d'une manière beaucoup plus efficace que dans les démocraties européennes. Son sentiment se manifeste même dans les affaires du gouvernement ; il est arrivé maintes fois qu'un simple derviche est allé faire des remontrances à un pacha qui avait enfreint la loi unique, la même pour tous les adorateurs d'Allah.

« Veut on savoir, dit Ch. Mismer (1), comment Mahomet et ses successeurs entendaient l'égalité : Lorsque Tofayl Amyr vint trouver Mahomet. — « Si j'embrasse l'Islamisme lui dit il, quel sera

---

(1) *Soirées de Constantinople*, Paris, 1870.

mon rang? — Celui des autres musulmans, répondit Mahomet, tu auras les mêmes droits et les mêmes devoirs. »

« Dans les armées d'Omar, il y avait un chameau pour deux combattants, chacun le montait à son tour, tandis que l'autre marchait à pied. Au moment de faire son entrée solennelle à Jérusalem, Omar était monté sur son chameau mais comme son tour arriva de marcher à pied son compagnon l'invita à descendre. Omar obéit aussitôt, alors on put voir le chef d'une religion nouvelle qui menaçait déjà de conquérir le monde, cheminer dans la poussière à la tête de son armée victorieuse, sacrifiant ainsi au principe de l'égalité musulmane, les prérogatives du commandement suprême. »

C'est peut-être surtout à ce sentiment d'égalité appliqué dans la pratique, que les Musulmans doivent leur succès de propagande dans l'intérieur de l'Afrique. Pour eux, le nègre est un égal, du moment qu'il partage leur croyance, et sa couleur n'est jamais un obstacle à la considération et au respect de ses coreligionnaires. Dans l'Afrique centrale où les missionnaires protestants ont cherché à convertir les indigènes ils n'ont jamais pu arriver à des résultats satisfaisants, parce qu'ils n'ont jamais pu dépouiller complètement les préjugés européens. Ainsi M. Wilfrid

Blunt pouvait-il écrire en 1881 dans la *Fortnightely review*, les lignes suivantes :

Le christianisme essaie de disputer les peuples de l'Afrique à la propagande musulmane, les missionnaires protestants ont obtenu quelques succès surtout dans l'Afrique méridionale, mais comparés aux messagers de l'Islam, ils ont un grand désavantage, celui de ne pouvoir se dire que mystiquement les « frères » des prosélytes : le « messager de la bonne nouvelle » ne donne point sa fille en mariage à l'indigène, même converti à la foi chrétienne, et ne prend point la sienne en union légitime ; blanc, il ne veut point se contaminer par un mélange de sang noir. Il reste l'homme d'une autre race et d'une autre caste (1).

Ces quelques lignes écrites par un des hommes qui connaissent le mieux, en Angleterre, les Musulmans et l'Islam, donnent la clé de bien des énigmes.

Les catholiques eux-mêmes quoique pratiquant la charité avec bien plus de largeur dans les idées que les protestants, ne peuvent pas se défendre d'un sentiment de supériorité sur les noirs, sentiment dont ces derniers ne manquent pas de s'apercevoir et qui les met naturellement

---

(1) W. Blunt *Forthightely review*, 1881.

en défiance contre ceux qui viennent leur prêcher une égalité qu'ils ne pratiquent pas eux-mêmes.

Nous trouvons une preuve de ce que nous avançons dans un journal qui n'est pas suspect, l'*Univers*, du 21 décembre 1886. Il y est question d'un séminaire catholique en Amérique, à Baltimore si nous ne nous trompons, et l'écrivain qui en parle, et que nous supposons être un ecclésiastique, s'exprime en ces termes :

> Les noirs ont leurs églises et leurs prêtres attachés spécialement à eux; non pas que les prêtres sont noirs eux-mêmes. M. M... (le supérieur du séminaire) nous disait qu'il n'y avait aucun séminariste qui appartint à la race noire; un candidat nègre se présenterait que la moitié des séminaristes ne voudrait pas le regarder, tant le préjugé est grand.

Par ce qui se passe dans un séminaire, on doit penser que le préjugé — puisque préjugé il y a — n'est pas de nature à empêcher les nègres de se convertir à l'Islamisme pour les rapprocher du Christianisme.

Le Mariage

Chez les Musulmans, le mariage est non-seulement un acte méritoire, il est obligatoire. Il exige le consentement mutuel; le père peut marier son enfant mineur, mais, celui-ci doit à sa majorité ratifier l'acte qui a disposé de sa personne, autrement cet acte deviendrait nul.

La cérémonie se fait par devant témoins, les époux y sont d'ordinaire représentés par leurs familles. L'Imam de la paroisse préside au mariage, il écrit les conditions du contrat. Le don nuptial est obligatoire pour l'homme; il y joint un trousseau. La femme apporte d'ordinaire quelques objets mobiliers.

Le mariage doit autant que possible être *assorti;* il est illicite entre parents, alliés et mêmes frères et sœurs de lait, la nourrice étant en quelque sorte assimilée à la mère. On ne peut épouser la femme avec laquelle on a eu des relations coupables, ni son esclave, à moins de l'affranchir; il est toléré néanmoins de vivre avec son esclave et on les épouse pour légitimer les enfants que l'on a d'elles.

Il est permis d'avoir à la fois quatre femmes légitimes, mais bien peu de Musulmans usent de cette latitude. La monogamie tend à devenir l'usage. On doit d'ailleurs, quand on a plus d'une femme, les traiter également bien et les loger séparément, si elles l'exigent. Il est permis à un Musulman d'épouser une femme chrétienne ou une juive — Mahomet avait parmi ses femmes, une chrétienne, Maria la Copte — c'est-à-dire une femme appartenant à une religion ayant un

Kitab — livre — donné par Dieu, mais il est interdit d'épouser une idolâtre. Les enfants doivent suivre la religion du père.

La puissance maritale est très limitée ; ainsi la femme n'est pas tenue de suivre son mari en voyage, si ce voyage dure plus de trois jours. — La vie conjugale est d'ailleurs réglée sur ce passage du Koran : « Les femmes doivent remplir leurs devoirs comme il convient, et les hommes doivent se conduire envers elles avec justice, mais ils ont autorité sur elles—*La Vache*—228.

La femme mariée peut administrer ses biens et disposer d'un tiers de sa fortune. Si le mari n'a pas de fortune, la femme est tenue aux soins du ménage et à la préparation des aliments, pour elle et sa famille, mais non pour des hôtes ou pour faire des bénéfices. La femme ne peut-être contrainte au travail pour enrichir son mari; le mari est tenu de pourvoir aux besoins de sa femme. Il est interdit au mari d'outrager et de maltraiter sa femme. Dans certaines contestations, le mari n'est cru que sur preuves testimoniales; s'il n'a pas de témoin, le serment de la femme fait loi, contre le serment du mari. Quand le mari ne pourvoit pas aux moyens d'existence de sa femme, celle-ci est autorisée à emprunter au nom de son mari, son droit va jusqu'à la vente des objets appartenant en propre à son mari.

Les esclaves ne peuvent se marier qu'avec le consentement de leur maître ; ils sont assimilés aux mineurs. L'homme esclave ne peut avoir que deux femmes.

Le mariage est rompu par l'apostasie de l'un des conjoints ou par la répudiation. Le divorce n'est pas laissé à l'initiative de la femme, mais celle-ci a mille moyens de le rendre inévitable.

Avant de prononcer le divorce, le juge doit épuiser tous les moyens de conciliation. La femme répudiée doit encore habiter pendant trois mois chez son mari. S'il s'opère un rapprochement entre les deux époux pendant ce laps de temps, la répudiation cesse. Le divorce peut être rompu du consentement des deux parties. La première moitié du don nuptial a été remise à la femme lors de son mariage, en cas de séparation elle en reçoit l'autre moitié.

En cas de séparation, la mère a le droit de conserver auprès d'elle ses enfants mâles jusqu'à l'âge de sept ou neuf ans suivant son rite, et ses filles jusqu'à leur nubilité ou leur mariage.

Si nous examinons les prescriptions du Koran et des commentateurs en ce qui concerne le commerce, nous voyons que la loi musulmane reconnaît quatre sortes de sociétés commerciales, suivant que la totalité des biens, les capitaux

Les Lois Commerciales

seulement, l'industrie ou le crédit sont mis en commun par les associés.

La société est détruite par la mort ou l'apostasie d'un de ses membres. Il en est de même des obligations mutuelles du commettant ou du facteur.

L'échange qui a lieu par troc, vente à crédit ou sur avances peut être légal, illégal, blâmable, nul, soumis à confirmation, etc. Il est blâmable de vendre pendant l'office du vendredi, de vendre un Koran ou un esclave à un infidèle, de séparer la mère esclave de son fils.

La vente d'un homme libre, celle d'un bien *wakouf* — donation pieuse, — celles d'objets dont la religion défend l'usage et qu'elle déclare impurs sont entachées de nullité ; cette dernière vente est permise aux seuls infidèles.

Les animaux peuvent être rendus au vendeur quand on a reconnu chez eux certains vices, certaines tares ou maladies.

Les lettres de change ne sont pas reconnues par la loi. Cette dernière disposition n'est plus suivie à la lettre.

Indulgente pour les faibles, dit d'Escayrac de Lauture, la législation musulmane ne pouvait témoigner autant de rigueur que la nôtre aux faibles et aux débiteurs. Bien qu'elle prononce la peine de la prison pour celui qui refuse de s'acquitter, le juge y a recours assez rarement. Les magistrats préfèrent en général terminer l'affaire par un compromis ou accorder au débiteur de grandes facilités pour le paiement de sa dette.

Les différents corps de métier sont généralement organisés en corporations avec des chefs élus ; mais ces corporations n'ont pas le caractère restrictif de nos anciens corps de métier et chacun est libre de se livrer à l'industrie qui lui convient.

Quand un Musulman vient à mourir, le Cadi ou son délégué répartit entre les héritiers les biens du défunt, déduction faite des frais funéraires, des dettes et des legs valables. Les héritiers naturels sont : les descendants, les ascendants, le conjoint survivant, les frères et sœurs, le maître de l'esclave, le patron de l'affranchi, l'adoptant et l'adopté. *Les Successions*

A défaut de ces héritiers, la loi permet de léguer la totalité de ses biens à un Musulman, à une corporation, à une mosquée, mais non à un chrétien, à un juif ou à une personne résidant dans un pays non habité par les Musulmans. A défaut de testament, le fisc s'empare des biens du défunt.

Les parents les plus proches excluent de la succession ceux d'un degré plus éloigné ; les parents de la ligne masculine passent avant ceux de la ligne féminine.

Tous les fils légitimes nés de femmes libres ou d'esclaves, héritent d'une portion égale des biens de leurs ascendants. La part allouée aux filles est la moitié de celle allouée aux garçons.

En léguant à une mosquée le principal de ses biens, le testateur devient libre d'en partager également l'usufruit entre ses enfants de l'un et de l'autre sexe.

Si le défunt laisse un fils aîné qui soit majeur, ce fils devient le tuteur de la famille et est de droit l'exécuteur testamentaire des volontés paternelles.

A défaut de ce fils, les mêmes attributions incombent aux mâles de la ligne ascendante masculine, aux collatéraux de cette ligne et ainsi de suite.

La Justice

La justice est rendue par des Cadis, magistrats nommés par le souverain. Toute loi émanant du Koran ou de ses interprétations, la jurisprudence se basant sur les décisions du Prophète, ou les arrêts des premiers Khalifes, le juge est nécessairement un théologien et la magistrature fait partie du clergé.

A ce titre c'est le Cadi qui choisit et surveille, le clergé inférieur, chargé des fonctions du culte, de la lecture du Livre, de la présidence des prières, de l'appel des fidèles. C'est lui qui a l'administration supérieure des donations pieuses — biens wakouf. — Il est le tuteur naturel des orphelins et a la charge de partager les successions.

En cas de difficulté d'interprétation de la loi, le Cadi peut consulter le Mouphti qui donne son avis sans pouvoir pourtant l'imposer.

Le Cadi juge en dernier ressort et ses arrêts ne peuvent être cassés que s'il a évidemment violé la loi. Dans les procès, c'est le gagnant qui paie les frais.

Le tribunal du Cadi est ouvert à tout le monde. Les parties plaident elles-mêmes ; on n'admet de fondés de pouvoir qu'en matière civile.

En matière civile, le plaignant ayant exposé la nature de l'objet qui a donné lieu à la contestation, ses droits sur cet objet et demandé justice, le Cadi interroge la partie adverse ; si elle nie, le demandeur doit produire deux témoins ; s'il ne peut en produire, le serment est déféré au défendeur qui est libéré quand il l'a prêté. Si le défendeur refusait de jurer, après trois sommations, le Cadi doit le condamner. Le serment n'est pas admis en matière criminelle ; on ne peut infliger

La Loi civile

une peine applictive que sur l'aveu du coupable ou la déposition de deux témoins.

Tout Musulman libre, majeur, ayant l'usage de sa raison peut témoigner en justice. Le témoignage de deux femmes équivaut à celui d'un homme.

Par majorité, on entend généralement la puberté. Le parent, l'esclave, le domestique ne peuvent témoigner dans les procès de leur parent ou de leur maître.

Une réputation mauvaise, une condamnation antérieure, la négligence à s'acquitter des devoirs religieux, ôtent le droit de témoigner en justice.

La preuve testimoniale est préférée à la preuve écrite.

La Loi criminelle — Le Code pénal musulman est extrêmement simple. Le plus grand crime est le blasphème qui est puni de mort. L'apostat est puni de la même peine s'il ne vient point à récipiscence.

L'homicide volontaire est puni de la peine du talion, s'il a été commis avec une arme dont un seul coup suffit à donner la mort. L'homicide sans préméditation et sans intention n'entraîne que le prix du sang et l'expiation légale. Cette dernière consiste généralement dans l'affranchissement d'un esclave ou un jeûne de deux mois. Les parents d'un homme tué, même sans intention, avec une arme contondante ont le droit de refuser le prix du sang et d'exiger la mort du coupable.

Le prix du sang est fixé à la valeur **de cent** chameaux pour un homme libre et à la valeur de cinquante pour une femme. Le prix du sang pour un esclave, est égal à son prix vénal sans qu'il puisse jamais dépasser celui qu'on paierait pour un homme libre.

Le meurtre commis dans le cas de légitime défense, celui d'un condamné, d'un blasphémateur, est excusable. Le suicide est considéré comme plus coupable encore que l'homicide.

Le talion est le châtiment des blessures et de la mutilation. Le Koran s'exprime ainsi à cet égard. « Dans le Pentateuque nous avons prescrit aux Juifs, âme pour âme, œil pour œil, nez pour nez, oreille pour oreille, dent pour dent. Les blessures seront punies par la peine du talion. Celui qui, recevant le prix de la peine, le changera en aumône fera bien cela lui servira d'expiation de ses péchés. Ceux qui ne jugeront pas d'après le Livre que nous avons fait descendre d'en haut, sont infidèles. *La Table* — 49. »

La torture n'est nullement prescrite ni même approuvée ou tolérée par le Code musulman. Elle est cependant pratiquée assez fréquemment.

L'adultère est puni de la lapidation des coupables, mais ce châtiment est d'autant moins appliqué, que le crime est plus difficile à constater légalement. La loi exige, en effet, que quatre témoins aient surpris les coupables et vu de leurs yeux, le crime dont ils les accusent. De plus, cè sont les témoins eux-mêmes, qui doivent faire l'office de bourreaux. Il est difficile de se montrer plus indulgent pour les faiblesses féminines.

La prison ou la bastonnade sont appliquées aux scandales publics, à l'inexactitude aux prières, aux usurpations de titres, à la désobéissance de la femme à son mari.

D'après la loi, le vol devrait être puni de l'amputation du poing droit et s'il y a récidive de celle du pied gauche, du poing gauche, du pied droit; cette disposition est absolument tombée en desuétude.

Conclusions

On voit que la simplicité des croyances religieuses et des formes sociales qui en sont la conséquence et l'application, est de nature à favoriser singulièrement l'expansion de la religion musulmane parmi ces esprits primitifs de l'Afrique intérieure. L'égalité de tous les musulmans devant ces prescriptions et la certitude pour les noirs que leur conversion leur donnera les mêmes droits et une égalité parfaite, soit au point de vue de la loi, soit au point de vue des relations, a été certainement le plus puissant levier de la propagande de l'Islam.

D'ailleurs, les noirs sont naturellement disposés à se laisser entraîner par ce courant religieux qui caractérise le peuple musulman. Il ne faut pas en effet juger l'Islamisme par ce qu'on en peut voir en Algérie, à Constantinople ou dans les ports de la Méditerranée. Il n'y a certainement, en dehors de ces milieux, où aucune religion ne saurait indiquer beaucoup de ferveur chez ses disciples, pas plus d'incrédules dans l'Islam qu'aux premiers siècles de son existence. Il y en a peut-être moins, car les Musulmans qui se familiarisent avec les sciences cultivées en Europe, ne perdent nullement pour cela leur foi religieuse, bien au contraire. Ils n'ont point oublié que quand on demanda au Prophète à qui il fallait remettre le pouvoir. Mahomet répondit. « Au plus savant. » Et le Koran insiste souvent sur cette prescription de la science. « Vénérez à l'égal de votre père celui qui aura ajouté quelque chose à la somme de nos connaissances ». — « Allez à la recherche de la lumière fût-elle au bout du monde ! »

Le vrai Musulman est, d'autre part, un type auquel on doit rendre hommage, et nous ne pourrions en donner une meilleure description que celle que nous empruntons à d'Escayrac de Lauture, l'un des hommes, nous ne saurions trop le répéter, qui ayant le plus pratiqué le monde musulman en Asie et dans le Soudan, a été mieux à même de le connaître.

La vie du véritable Musulman se passe à approfondir les dogmes et à accomplir les principes de sa religion ; imitant le Prophète dans ses actes, dans ses paroles, dans sa manière de se vêtir, il est simple dans ses habitudes, mais généreux pour les pauvres, bienveillant et paternel pour ceux qui le servent ; la plus haute fortune ne l'éblouit pas, l'adversité ne le décourage jamais ; l'ambition n'agite pas son cœur et il supporte sans murmures les actes tyranniques, les exactions, les violences de ceux qui le gouvernent. Rempli de tolérance, il ne fuit pas la société des chrétiens ou des juifs, ce n'est pas lui qui ferme devant eux la porte des mosquées, il se rappelle que le Prophète apprenant à Médine que des juifs venant de Khaïbar n'avaient point trouvé de gîte, les fit dormir dans le temple même que sanctifiait sa prière.

Il espère même par la persuasion et par la douceur amener à Dieu quelques âmes ; il sait par cœur ces magnifiques paroles du deuxième chapitre du Koran : « Point de violence en matière de religion, la vérité se distingue aisément de l'erreur, » et cette autre parole si souvent répétée dans le même livre :

« Dieu ne nous a chargé que de la prédication seule. »

A ce point de vue il est curieux de faire remarquer que, même dans l'Afrique septentrionale, même en Algérie où nous dominons par la force, certains Musulmans n'ont pas renoncé à l'espérance de faire des conversions parmi les Européens et même parmi les colons français. Ils répandent des livres ayant pour but de constater que les chrétiens ne diffèrent des musulmans que parce qu'ils interprètent d'une façon erronée les livres sur lesquels reposent leurs croyances. Ils affirment que toutes les prescriptions du Koran sont contenues dans les Evangiles comme dans la Bible. Ils ne peuvent comprendre, disent-ils, que les chrétiens mangent du porc, alors que saint Mathieu, dans son livre, rapporte que c'est dans le corps de ces animaux que Jésus envoya les démons qui tourmentaient des possédés, montrant ainsi que le porc était un animal immonde. Ils ne comprennent pas que les chrétiens boivent du vin alors que saint Marc fait dire à Jésus qu'il ne boira plus de jus de la vigne jusqu'au jour où il en boira frais et nouveau dans le royaume de Dieu. Ils ne peuvent admettre ni l'ornementation de nos églises, ni les modifications apportées aux rites primitifs. Pour eux, ils espèrent qu'un jour les chrétiens redeviendront musulmans en comprenant les prescriptions de ceux qui les premiers les ont enseignées et ayant la pure doctrine, n'ont pu en donner une autre que celle du Koran.

Nous n'avons voulu donner qu'une idée sommaire de l'Islam, mais nous pensons que ce que nous avons dit suffira pour expliquer les progrès toujours croissants des conversions africaines, sans qu'il soit besoin d'insister davantage. Nous compléterons ces notes en disant quelques mots de l'esclavage chez les Musulmans.

L'ESCLAVAGE CHEZ LES MUSULMANS

L'esclavage existe en Orient de toute antiquité et Mahomet, eut-il voulu le supprimer, qu'il n'eut certainement pu y parvenir. Le Koran est seulement intervenu pour adoucir la condition de l'esclave, faciliter sa libération, rappeler au maître l'étendue de ses devoirs et mettre des limites à sa puissance.

D'après la loi, le musulman libre peut posséder des esclaves des deux sexes en nombre illimité ; ce sont, ou des prisonniers faits sur des idolâtres ou des enfants nés de parents captifs.

Il a sur eux un droit absolu de propriété, n'est soumis s'il les blesse ou les tue, qu'à une peine correctionnelle, dispose de ce qu'ils peuvent acquérir et peut cohabiter avec les esclaves du sexe féminin pourvu qu'elles ne soient pas idolâtres.

Il lui est interdit de vendre séparément la mère et l'enfant; s'il reconnaît pour sien l'enfant de son esclave, cet enfant est réputé libre ainsi que tous ceux qui naîtront après lui de la même femme. Quant à la mère, il ne peut plus la donner ni la vendre et s'il vient à mourir elle est libre.

L'enfant légitimé a les mêmes droits que ceux nés dans le mariage à la succession paternelle.

Le patron peut habiliter son esclave ; ce dernier est apte dès lors à se livrer au commerce, à exercer une industrie pour son propre compte. Ses profits lui appartiennent en entier, mais il est responsable de ses dettes, et ses créanciers ont le droit de le vendre, s'il n'est pas à même de s'acquitter envers eux.

Le patron, majeur et sain d'esprit, peut toujours affranchir son esclave, soit à titre gratuit, soit à titre onéreux. L'esclave qui ne veut pas se racheter ne saurait pourtant y être contraint.

L'affranchissement d'un esclave est toujours un acte méritoire et la loi religieuse l'impose souvent comme compensation de péchés graves.

Telle est la loi, les mœurs l'ont encore adoucie et on ne saurait établir de comparaison entre le sort des esclaves chez les Musulmans et celui des nègres aux colonies et en Amérique.

Trois jours sont accordés à celui qui achète un esclave, pour s'assurer que celui-ci n'est pas atteint d'un vice rédhibitoire. Ce délai passé, le marchand reçoit le prix convenu et le maître s'occupe de dresser son nouveau serviteur.

Il le traite d'abord rudement pour l'habituer à la soumission, peu à peu, à mesure que l'esclave se forme, le maître se relâche de sa sévérité, lui parle avec douceur, lui montre de l'intérêt, l'habille convenablement, lui accorde de temps à autre quelques gratifications, lui fait donner un peu d'instruction, évite enfin, à moins de faute grave, de le maltraiter et surtout de le maltraiter publiquement.

L'esclave de son côté s'attache à son maître, le sert avec dévouement, se préoccupe de ses intérêts qu'il s'habitue à regarder comme les siens propres, il s'identifie à son maître et ne tarde pas à prendre s'il est intelligent, une grande influence dans la maison ; si le maître occupe une haute situation, ses esclaves sont presque des personnages, et leur intervention est fréquemment sollicitée par ceux qui cherchent à se concilier ses bonnes grâces.

L'esclave devenu majeur est marié et doté par son maître qui l'émancipe souvent et le garde néanmoins près de lui. Vendre son esclave à moins qu'il ne soit indomptable ou dangereux, est considéré comme un acte honteux. Si l'on n'en peut venir à bout, on préfère même le chasser de chez soi ou le donner à l'Etat, qui en fait un soldat. Le Musulman qui a perdu sa fortune, qui se voit réduit à la dernière extrémité, vend d'abord sa maison, puis ses chevaux, puis ses armes, puis enfin ses esclaves, s'il ne peut plus les nourrir, et encore, ne le fera-t-il pas, ci ceux-ci viennent lui dire qu'ils sont prêts à s'accommoder de sa misère et qu'ils l'aideront à en sortir. Les filles esclaves ne sont généralement pas moins bien traitées que les esclaves mâles, et chez les Musulmans non mariés, elles commandent généralement dans la maison.

Tel est le régime de l'esclavage chez les Musulmans et d'Escayrac de Lauture, à qui nous avons emprunté une grande partie des détails qui précèdent, remarque que d'une institution dont l'origine est barbare, ils ont fait une institution bienveillante et féconde. « Un tel fait,
« ajoute notre auteur, suffit à faire l'éloge de
« la religion et du peuple, au sein duquel il a pu
« se produire. Le maréchal Bugeaud l'appréciait
« de même et a rendu un éclatant témoignage à
« l'humanité des Arabes, dans une lettre adressée
« par lui au duc de Montmorency et dans laquelle
« il se prononçait pour le maintien de l'escla-
« vage en Algérie ».

La traite des noirs en Afrique, est alimentée par deux sources principales, les expéditions — *ghaswa* — grandes chasses auxquelles prennent part des armées entières et les enlèvements partiels d'enfants et de femmes commis par des Arabes isolés.

La Traite

Les ghaswa sont absolument condamnés par la religion musulmane qui a fixé ainsi les règles de la guerre.

« Toute guerre ayant pour objet essentiel
« l'exaltation de la parole de Dieu, le triomphe
« de la foi ou la répression du crime doit être
« précédée de trois sommations, avant toute
« attaque à main armée. »

Les chasseurs de nègres, tout musulmans qu'ils se prétendent, ne s'inquiètent nullement des prescriptions religieuses ; ce sont de simples bandits. Nous ne craignons nullement de qualifier de la sorte les souverains qui, comme les vice-rois d'Egypte où les sultans des pays de l'intérieur, ont organisé le commerce des nègres d'une façon tellement pratique que, pendant longtemps, l'esclave était la seule monnaie courante ; dans la haute Egypte, le tribut était payé en esclaves et la solde des officiers leur était comptée en nègres.

Ajoutons que des Européens ont trop souvent été mêlés à ces expéditions, et les négriers du

Soudan n'ont pas été au-dessous de la cruauté de ceux qui écumaient jadis l'Afrique occidentale pour approvisionner les Antilles et les deux Amériques.

N'oublions pas qu'en décembre 1886, le célèbre explorateur portugais Serpa-Pinto a apporté en pleine séance de la Société de géographie de Lisbonne, les menottes en fer dont se servent les missionnaires anglicans de l'Afrique australe, qui joignent la traite des esclaves aux revenus que leur procurent les sociétés établies en Angleterre pour l'abolition de l'esclavage.

Ce cumul est une vraie merveille, et les Anglais auraient mauvaise grâce à accuser l'Islamisme d'encourager la traite des noirs.

Ce que nous venons de raconter n'est nullement un plaidoyer en faveur de l'esclavage, nous avons seulement voulu donner quelques renseiments sur la façon dont les esclaves étaient traités chez les Musulmans.

Ce travail n'étant ni une œuvre de polémique, ni un prétexte à discussion, nous nous abstiendrons de comparer la situation faite aux esclaves en Amérique et celle faite aux esclaves dans les pays musulmans.

Cet exposé des doctrines musulmanes n'a eu qu'un but : expliquer pourquoi et comment le Soudan d'abord, et peu à peu l'Afrique centrale, ont si facilement adopté et adoptent encore la religion islamique. Les idées simples, les formules précises, les pratiques peu compliquées de l'Islam, étaient de nature à frapper la nature primitive des noirs. Le sentiment de l'égalité entre Musulmans, non seulement proclamé, mais encore pratiqué, a fait le reste.

TABLE DES MATIÈRES

LA TRIPOLITAINE

Pages

La Tripolitaine. — La Politique et les Explorateurs. —
— L'interdiction de voyager.—Gerhard Rohlfs.—Les
Routes du Soudan . . . . 5 — 9

LA TRIPOLITAINE

CHAPITRE PREMIER

Le Pays. — La Population. — L'Oasis — Le Climat. —
L'Hygiène. — Les Productions. — Les Dattiers. —
L'Alfa. . . . . 11 — 31

CHAPITRE II

Pages

Tripoli. — Le Port. — La Douane. — Les Rues. — La Sécurité. — Le Théâtre. — Les Souks. — Les Habitants. — Les Musulmans. — Les Juifs. — Les Chrétiens. — Les Franciscains. — Les Ecoles. — Les Grecs. — Les Dissidents tunisiens . . . . 32 — 71

CHAPITRE III

Les Environs. — Les Marchés. — La Promenade. — Le Café Turc. — Le Jardin. — L'Oasis. . . . 73 — 85

CHAPITRE IV

Le Gouvernement. — La Politique. — Les Diplomates turcs. — Les Précautions. — L'Armée. — Les Consulats. . . . . 86 — 96

CHAPITRE V

Le Commerce et l'Industrie. — Les Caravanes. — Les Gens de R'hadamès. — L'organisation d'une Caravane. — L'Honnêteté au Désert. — Les Echanges. — Les Plumes d'autruche. — Les Touareg. — Les Chemins de l'intérieur. — Le Commerce à Tripoli. — Conclusion. . . . . 97 — 111

LES ROUTES DU SOUDAN

Pages

Le Commerce dans le Soudan. — Les Routes des anciens. — Les Routes d'aujourd'hui. — Les Caravanes. — Les Chameaux. — Les Caravaniers. . . . . 115 — 133

La Route du Bournou. . . . . 134 — 151
La Route du Ouadaï. . . . . 152 — 167
La Route du Soudan . . . . 168 — 190
De Zender à Bournou. . . . . 191 — 193

Les Touareg. . . . . 197 — 217

DEUXIÈME PARTIE

L'ISLAM EN AFRIQUE

CHAPITRE PREMIER

La Propagande musulmane. — La Vitalité de l'Islam. . . . . 221 — 224

CHAPITRE II

Pages

La Doctrine musulmane. — Le Koran. — Les Prescriptions musulmanes. — La Prière. — Le Pèlerinage. — L'Aumône. — Les Interdictions . . . . 225 — 241

CHAPITRE III

La Loi musulmane. — L'Egalité. — Le Mariage. — Les Lois commerciales. — Les Successions. — La Justice. — La Loi civile. — La Loi criminelle. — Conclusion.
. . . . 242 — 260

L'Esclavage chez les Musulmans. — La Traite.
. . . . 261 —

Lyon. — Imp. du *Salut Public*. — Bellon, 33, rue de la République.

www.ingramcontent.com/pod-product-compliance
Lightning Source LLC
Chambersburg PA
CBHW050327170426
43200CB00009BA/1492